논論어語

논論어語

도광순 역주

문예출판사

머리말

《논어論語》는 사서四書 중의 으뜸으로 유교의 사상적 본질을 그 원류에서 이해·음미하기 위해서는 가장 귀중한 전적典籍이다. 그것은 말할 것도 없이 주로 공자孔子가 제자 및 그 시대의 정치가들과 주고받은 문답을 모아 엮은 것이므로, 우리는 이 《논어》를 통해서 공자의 사상과 교훈 전부와 함께 유교적 사고와 지혜의 원형原型을 무엇보다도 정확하게 엿볼 수 있는 것이기 때문이다.

적어도 동양 세계에 있어서는 《논어》만큼 유구한 세월을 통하여, 광범한 지역에 걸쳐 수많은 사람들에게 애독되어온 고전古典은 유례를 찾을 수 없을 것이다. 더욱이 12세기 말 주자朱子에 의해서 그 가치가 재발견된 이후로는 그것이 가진 고전적 비중은 더욱 절대적인 것이 되어 '광고무상曠古無上', '우주제일宇宙第一' 등으로 평가되면서 오늘에 이르기까지 고전 중의 고전으로 군림해오고 있는 것이다. 2,500여 년 전, 춘추시대春秋時代, 노魯나라라는 제한된 정신사적 환경 속에서 이루어진 한 사람의 사상, 하나의 전적典籍이 이처럼 영원하고도 보편적인 생명을 갖고, 무한한 공감과 호소력을 이같이 행사해온 근본 원인과 이유는 과연 어디에 있는 것일까?

그것은 아마도 공자가 지녔던 인간 또는 인간성에 대한 탁월한 달관과 인간 생활을 위한 투철한 예지로 말미암은 것이라 생각된다. 시대와 사회와 인종을 초월한 보편적인 인간성의 기미를 꿰뚫는 예리한 통찰, 인간의 선성善性과 그 가능성에 대한 무한한 신뢰와 이를 전제로 한 인간에 대한 절대적인 존경과 애호, 인간관계와 인간 사회를 위한 끝없는 집념과 낙관, 우호와 평화, 개조와 봉사의 정신, 이러한 것들이 《논어》 전편에 넘쳐흐르고 있는 생명이요, 가치요, 무한한 감격이다. 이것이 바로 《논어》로 하여금 언제, 어디서, 그 누가 읽더라도 새로운 감동과 감명을 불러일으키게 하는 중요한 요인이 되고 있다.

현대인은 너무나 가혹한 산업 문화와 메커니즘의 중압감에서 스스로의 인간성과 인간적 가치를 자꾸만 상실해가고 있다. 인간성에서 샘솟는 귀중한 지혜와 교훈으로 가득 찬 《논어》, 이것이야말로 시들어가는 우리의 인간성을 다시금 일깨워주는 활력소가 될 것이다.

《논어》의 의미를 알아볼 수 있게 된 지 어언 30여 년, 학구적으로 탐구해온 지도 벌써 20여 년, 《근사록近思錄》, 《맹자孟子》에 이어, 이제 《논어》를 우리말로 옮겨 세상에 내놓게 되니 연래의 숙원을 푸는 듯하여 마음이 기뻐짐을 느낀다.

번역은 완전히 현대적인 감각에 맞게 현대어 역으로 하되, 될 수 있는 한 원문原文과 원의原意를 손상하지 않도록 애썼고, 또 하안何晏의 '집해集解'(고주古注)와 주희朱熹의 '집주集注'(신주新注) 등을 위시한 고금古今, 국내의 주역해서註譯解書를 참조·검토해서 가장 정확하고 참신한 것이 되도록 최대한 노력했다.

상실되어가는 인간성을 되찾고 스스로의 인간 가치를 드높게 하기 위해서 노력하는 세상 사람들에게 하나의 큰 보람이 되어주었으면 하는 마음 간절하다.

도광순都珖淳 씀

차례

머리말 ····· 5

제1편 학이 學而 ····· 11
제2편 위정 爲政 ····· 25
제3편 팔일 八佾 ····· 41
제4편 이인 里仁 ····· 59
제5편 공야장 公冶長 ····· 73
제6편 옹야 雍也 ····· 93
제7편 술이 述而 ····· 113
제8편 태백 泰伯 ····· 133
제9편 자한 子罕 ····· 147

제10편 향당 鄕黨 ·· 165

제11편 선진 先進 ·· 179

제12편 안연 顏淵 ·· 199

제13편 자로 子路 ·· 217

제14편 헌문 憲問 ·· 239

제15편 위영공 衛靈公 ································· 269

제16편 계씨 季氏 ·· 289

제17편 양화 陽貨 ·· 303

제18편 미자 微子 ·· 323

제19편 자장 子張 ·· 335

제20편 요왈 堯曰 ·· 351

제1편
학學이而

1. 공자孔子께서 말씀하셨다.

"배우고 때때로 익히면¹ 그야말로 기쁘지 않겠는가? 벗²이 먼 곳에서 찾아온다면 그야말로 즐겁지 않겠는가? 남이 알아주지 않는다 해도 노여워하지 않는다면 그야말로 군자君子³가 아니겠는가?"

子曰 學而時習之 不亦說乎? 有朋自遠方來 不亦樂乎? 人不知
자왈 학이시습지 불역열호 유붕자원방래 불역락호 인부지
而不慍 不亦君子乎?
이불온 불역군자호

주 1 習之: 연습함으로써 행동으로 실천할 수 있도록 함. 2 朋: 학문 수양의 결과로 이룩된 나의 덕을 우러러 그 감화를 입고자 모여드는 사람. 3 君子: 학문과 덕행을 겸비한 사람, 또는 학문과 덕행을 닦는 사람, 또는 윗자리에 있어 남을 다스리는 사람을 말한다.

해설 학문의 근본 원리를 천명한 《논어》의 첫머리에 나온 공자孔子의 말씀이니, 자기를 완성하는 일, 즉 '수기修己'와 '치인治人'을 완성하는 일, 즉 '치인治人'이 학문의 일체양면적—體兩面的인 것임을 말한 동시에 군자의 학學은 순수한 인격 도야를 위한 것, 즉 '위기지학爲己之學'임을 천명한 것이다. 《논어》의 마지막 장(요왈편堯曰篇 제3장)에 "천명天命을 알지 못하면 군자가 될 수가 없다"와 처음과 끝이 서로 대조된다. 즉 위기지학爲己之學의 최고 경지는 천명의 자각과 그 실현을 통해서 인격을 최고로 완성함에 있다는 것이 《논어》 전편全篇에 일관된 위학정신爲學精神이다.

2. 유자有子¹가 말했다.

"그 사람됨이 효성스럽고 공순하면서² 윗사람을 범하는³ 자는 드물다. 윗사람을 범하기를 좋아하지 않으면서 난동을 일으키기를 좋아하는 자는 없다. 군자는 근본에 힘쓰니, 근본이 확립되어야만 도道가 나타나게 된다. 효도와 공순이란 것은 인仁⁴을 실천하는 근본인 것이다.⁵"

有子曰 其爲人也孝弟 而好犯上者 鮮矣. 不好犯上 而好作亂者
유자왈 기위인야효제 이호범상자 선의 불호범상 이호작란자
未之有也. 君子務本 本立而道生. 孝弟也者 其爲仁之本與.
미지유야 군자무본 본립이도생 효제야자 기위인지본여

주 1 有子 : 공자孔子의 문인門人. 성은 유有, 이름은 약若. 공자의 문인으로서 '자子'의 호칭을 받은 자는 유자有子, 증자曾子, 염자冉子, 민자閔子 네 사람이다. 이를 근거로 《논어》의 편찬자는 바로 이들이라고 지목하는 이도 있다. 2 孝弟 : '효孝'는 효도, '제弟'는 형이나 윗사람을 잘 받들고 따르는 것. 3 犯上 : 윗사람을 업신여기거나 거스르는 것. 4 仁 : '인仁'은 공자의 근본 사상이려니와, 그것은 곧 인간의 최고 덕德인 동시에 인간의 인간성 바로 그것이다. 5 孝弟也者… : 효제孝弟란 것은 인간성인 '인仁'의 자연적인 발로 그것이므로, '효제孝弟'를 실천하는 것이 '인仁'을 구현하기 위한 방법 원리가 된다.

해설 책머리에 학문의 즐거움을 말한 데 이어, 학문의 목적이 '인

仁의 실현에 있고, 그 구체적인 실현 방법이 '효제孝弟'를 실천함에 있음을 말했다. '인仁'이 인간성의 자연 그것이라면, 그것은 '효제孝弟'에서 가장 잘 발견할 수 있는 것이며, '인仁' 그것은 인간의 자연적인 애정인 '효제孝弟'를 기본으로 해서 실현될 수 있는 것이다. 공자孔子의 문인門人인 유자有子의 말이 책머리 제2장에 이렇게 배열된 것은 오직 이러한 의미 내용상으로 불가피했던 것이었다 하겠다.

3. 공자孔子께서 말씀하셨다.
 "교묘하게 말을 하고 보기 좋게 얼굴빛을 꾸미는 사람치고 인仁한 사람이 드물다."

子曰 巧言令色 鮮矣仁.
자왈 교언영색 선의인

 해설 인仁의 실현은 오직 실천궁행의 문제이므로, 앞장에 이어 실질이 없는 허언가식을 경계한 것이다.

4. 증자曾子[1]가 말했다.
 "나는 날마다 나 자신에 대하여 세 가지[2]를 반성한다. 남을 위해서 일을 도모함에 있어서 성심껏 하지 않지는 않았는가? 벗들과 사귐에 있어서 신의가 없지는 않았는가? 배운 것을 잘 익히지도 못하고 남에게 가르쳐주지는 않았는가?[3]"

제1편 학이學而 15

曾子曰 吾日三省吾身. 爲人謀而不忠乎? 與朋友交而不信乎?
증자왈 오일삼성오신 위인모이불충호 여붕우교이불신호
傳不習乎?
전불습호

주 1 曾子 : 공자孔子의 문인門人. 성은 증曾, 이름은 삼參, 자字는 자여子輿. 《효경孝經》의 저자라고 하며, 《증자曾子》라는 책을 쓰기도 했다. 노둔魯鈍한 사람이었으나 근근자자勤勤孜孜 학문에 힘써 공자의 도통道統을 전했다. 2 三省 : 흔히 여러 번으로 풀이하기도 한다. 3 傳不習乎 : 배운 것을 충분히 실습하고 실행해서 진실로 나의 것이 되기 전에는 남에게 입으로만 전하여 가르쳐주는 일이 없도록 하고자 반성한다는 뜻을 가지고 있다. '스승으로부터 전수받은 것을 익히지 않은 것은 없는가'라고 풀이하기도 한다.

해설 인仁의 구현은 일상생활에서의 수행修行을 통해서 이루어지게 됨을 말한 것이다.

5. 공자孔子께서 말씀하셨다.
"천승千乘¹의 나라를 다스리는 데는 매사를 신중히 하고 신의가 있어야 하며, 비용을 절약하고 사람들을 사랑해야 하며, 백성을 사역使役함에는 시기를 잘 맞추어야 한다.²"

子曰 道千乘之國 敬事而信 節用而愛人 使民以時.
자왈 도천승지국 경사이신 절용이애인 사민이시

주 1 千乘 : 중국 주왕조周王朝 때의 제도로 전쟁 시 전차戰車 천 대를 출동시킬 수 있는 나라, 즉 제후諸侯의 나라를 말한다. 2 使民以時 : 농민을 노역 봉

사에 동원할 때는 농번기를 피해서 할 것을 말한 것이다.

해설 인仁의 구현은 '수신修身'에서 시작해서 '치국평천하治國平天下'에서 끝나는 것이므로, 이 장에서는 치국治國의 대원칙을 말한 것이다.

6. 공자孔子께서 말씀하셨다.
"젊은이¹는 집 안에 들어오면 효도를 하고, 밖에 나가면 윗사람에게 공순하며, 삼가서 행동하고 신의를 지키며, 널리 사람들을 사랑하되 어진 사람과 친근하게 지내며, 이렇게 실천하고도 남은 힘이 있으면 글²을 배울 것이다."

子曰 弟子入則孝 出則弟 謹而信 汎愛衆而親仁 行有餘力 則
자왈 제자입즉효 출즉제 근이신 범애중이친인 행유여력 즉
以學文.
이학문

주 1 弟子 : 연소자年少者. 젊은이. 2 文 : 시詩·서書·예禮·락樂 등의 고전古典을 말함.

해설 인仁의 구현을 목적으로 하는 공자孔子의 학문이 이문구도적耳聞口道的인 이론적 지식이거나, 현묘고원玄妙高遠한 형이상학적인 학문 추구에 있는 것이 아니라, 일상생활에서 비근하고 절실한 일들을 하나하나 실천궁행해나가는 데 있음을 말한 것이다. 다음 장에

서도 이와 같은 취지를 말하고 있다.

7. 자하子夏¹가 말했다.

"어진 사람을 어진 사람으로 존경하기를 여색女色을 좋아하듯이 하고,² 부모를 섬기는 데 그 힘을 다하고, 임금을 섬기는 데 그 몸을 바치며, 벗들과 사귀는 데 말에 신의가 있다면,³ 비록 그 사람이 배우지 않았다 할지라도 나는 반드시 그를 배운 사람이라 할 것이다."

子夏曰 賢賢易色 事父母能竭其力 事君能致其身 與朋友交 言
자 하 왈 현 현 역 색   사 부 모 능 갈 기 력   사 군 능 치 기 신   여 붕 우 교   언
而有信 雖曰未學 吾必謂之學矣.
이 유 신   수 왈 미 학   오 필 위 지 학 의

주 1 子夏 : 공자孔子의 문인門人. 성은 복卜, 이름은 상商, 자하子夏는 그의 자字. 공자보다 44세 연하年下. 2 賢賢易色 : '어진 사람을 어진 사람으로서 존중해주고 여색女色을 가벼이 여기다'라고 풀이하기도 한다. 3 事父母… : 오륜五倫(군신君臣·부자父子·부부夫婦·장유長幼·붕우朋友)의 가르침은 맹자孟子 이후에 성립된 것이지만 여기서 그 시원始原을 볼 수가 있다. '부자친합父子親合'의 관계와 '군신의합君臣義合'의 관계는 차등이 있는 것이므로, 전자에서는 '그 힘을 다하고'라 했고, 후자에서는 '몸을 바친다'라고 하여 경중輕重을 달리하여 표현했다. 또 여기에 나타난 '존현尊賢' 사상에서 자연적이고 1차적인, '인仁'에서 제2차적인 '의義' 사상의 표현을 읽을 수가 있다.

해설 앞 장과 마찬가지로 학문의 본의가 언어나 문자 학습에 있

는 것이 아니라 오직 실천궁행에 있음을 나타낸 것이다. 이상의 7장은 의미상으로 서로 연결되어 있는 것으로서 《논어》 전편全篇을 일관하는 강령안목綱領眼目이요, 공자 사상의 대체大體가 표현되어 있는 것이라 하겠다.

8. 공자孔子께서 말씀하셨다.

　"군자君子는 진중하지 않으면 위엄이 없으며, 배워도 완고完固하지가 않다. 충忠과 신信[1]을 위주로 하고, 자기보다 못한 사람을 벗[2]으로 삼지 않으며, 잘못이 있으면 고치기를 꺼리지 말아야 한다."

子曰 君子不重則不威 學則不固. 主忠信 無友不如己者 過
자 왈　군 자 부 중 즉 불 위　학 즉 불 고　　주 충 신　무 우 불 여 기 자　과
則勿憚改.
즉 물 탄 개

　주　1 忠信 : 충忠과 신信은 모두 '성誠'이니, 나의 주체적이고 내적인 '성誠'이 '충忠'이라면 그 대인적對人的 표현이 '신信'이라 하겠다. 2 友 : 여기서 벗이라 함은 학문 수양에 있어 서로 상부상조하여 절차탁마切磋琢磨하는 벗을 말하므로, 제6장의 널리 사람들을 사랑하라는 말과 모순되는 것이 아니다.

9. 증자曾子가 말했다.

　"부모의 상喪을 신중히 치르고, 조상을 추모해서 제사를 잘 지낸다면[1] 백성의 덕德이 후하게 될 것이다."

제1편 학이學而　**19**

曾子曰 愼終追遠 民德歸厚矣.
증자왈 신종추원 민덕귀후의

주 1 愼終追遠 : 《예기禮記》 제통편祭統篇에는 '효자가 부모를 섬김에는 세 가지 방법이 있으니, 살아 계실 때에는 공손히 봉양하고, 돌아가셨을 때에는 슬퍼하여 상喪을 입으며, 상喪이 끝나면 제사 지낸다'라고 있다.

10. 자금子禽[1]이 자공子貢[2]에게 물었다.

"선생님(孔子)은 어느 나라에 가셔도 반드시 그 나라의 정치에 관여하셨는데, 그것은 자진해서 요구하신 것입니까? 아니면 그 나라에서 맡긴 것입니까?"

자공子貢이 말했다.

"선생님께서는 온화·선량·공손·검소·겸양[3]하셨기 때문에 그렇게 된 것입니다. 선생님이 자진해서 요구하신 경우라도 그것은 다른 사람이 요구하는 경우와는 다릅니다."

子禽問於子貢曰 夫子至於是邦也 必聞其政 求之與 抑與之與?
자금문어자공왈 부자지어시방야 필문기정 구지여 억여지여
子貢曰 夫子溫良恭儉讓以得之. 夫子之求之也 其諸異乎人之
자공왈 부자온량공검양이득지 부자지구지야 기저이호인지
求之與.
구지여

주 1 子禽 : 공자孔子의 문인門人. 성은 진陳, 이름은 항亢. 일설에서는 자공子貢의 문인이라고도 한다. 2 子貢 : 공자의 문인門人. 성은 단목端木, 이름은 사賜, 자字가 자공子貢이다. 공자보다 31세 연하年下였다. 자금子禽보다는 그 덕德이나 나이에 있어서도 선배 격인 사람이었다. 3 溫良 … : 온溫·량良·공恭·검

儉·양讓의 오덕五德은 대인관계에 있어서의 공자의 덕목德目을 말한 것이다.

11. 공자께서 말씀하셨다.

"아버지가 살아 계실 적에는 그 뜻을 잘 살피고, 아버지가 돌아가신 뒤에는 그 행적을 살펴서, 3년 동안 아버지의 방법을 고치지 않는다면 효자라 할 수가 있다."

子曰 父在觀其志 父沒觀其行 三年無改於父之道 可謂孝矣.
자왈 부재관기지 부몰관기행 삼년무개어부지도 가위효의

12. 유자有子가 말했다.

"예禮¹의 운용에는 조화가 귀중하다. 옛 성왕聖王들의 도道에 있어서도 이것을 아름다운 것이라 하여 작은 일이나 큰일이나 이것(조화)에 따라 하였다. 그러나 제대로 행해지지 못하는 일도 있는데, 조화의 귀중함만 알고 조화를 행한다 하더라도 예禮로써 조절하지 않는다면 역시 제대로 행해질 수가 없는 것이다."

有子曰 禮之用和爲貴. 先王之道斯爲美 小大由之. 有所不行
유자왈 예지용화위귀 선왕지도사위미 소대유지 유소불행
知和而和 不以禮節之 亦不可行也.
지화이화 불이예절지 역불가행야

주 1 禮: 예란 사회적 행동 규범. 사회적 신분 계급에 따라 차별적인 것인데, 이로써 사회적 조화를 유지하려고 한 것이다. 여기서는 '예禮'와 '화和'를 병용해야 할 필요성을 말했으니, 차등은 분열을 낳기 쉽고 조화는 문란하게

되기가 쉽다.

13. 유자有子가 말했다.

"약속이 의義에 가까우면 그 말은 실천될 수가 있으며, 공손함이 예禮에 가까우면 치욕을 면할 수가 있으며, 친근히 하는 사람[1]에게 친근함을 잃지 않는다면 또한 존경할 만하다."

> **有子曰 信近於義 言可復也, 恭近於禮 遠恥辱也, 因不失其**
> 유자왈 신근어의 언가복야 공근어예 원치욕야 인불실기
> **親 亦可宗也.**
> 친 역가종야

주 1 因 : '친근히 하는 사람'이라고 풀이하기도 하고, 또는 '의지하는 사람'이라 풀이하기도 한다.

14. 공자孔子께서 말씀하셨다.

"군자는 먹는 데 있어 배부른 것을 바라지 않고, 거처에는 안락한 것을 바라지 않으며, 일을 함에 있어서는 민첩하게 하고, 말을 하는 데는 신중하며,[1] 올바른 도道를 갖춘 사람을 찾아가서 자신을 바로잡는다면 배우기를 좋아한다고 말할 수 있다.[2]"

> **子曰 君子食無求飽 居無求安 敏於事而愼於言 就有道而正**
> 자왈 군자식무구포 거무구안 민어사이신어언 취유도이정
> **焉 可謂好學也已.**
> 언 가위호학야이

주 1 敏於事… : 말보다 실행에 힘쓸 것을 말한 것이다. 2 就有道… : 공자孔子의 학문이 도덕의 학문이기 때문이다.

15. 자공子貢이 말했다.

"가난하면서도 아첨함이 없고, 부유하면서도 교만함이 없다면 어떻습니까?"

공자께서 말씀하셨다.

"괜찮기는 하나 가난하면서도 도道를 즐기고, 부유하면서도 예禮를 좋아하는 것만은 못하다."

자공子貢이 말했다.

"《시경詩經》에 '끊은 것 같고, 갈은 것 같고, 쪼은 것 같고, 닦은 것 같다'¹고 했는데, 이것을 두고 한 말이겠군요.²"

공자께서 말씀하셨다.

"사賜³야 비로소 너와 함께 시詩를 이야기할 만하구나. 지나간 일을 일러주면 앞으로 올 일도 아는구나.⁴"

子貢曰 貧而無諂 富而無驕 何如? 子曰 可也 未若貧而樂 富而
자공왈 빈이무첨 부이무교 하여   자왈 가야 미약빈이락 부이
好禮者也. 子貢曰 詩云 如切如磋 如琢如磨 其斯之謂與? 子曰
호례자야   자공왈 시운 여절여차 여탁여마 기사지위여   자왈
賜也 始可與言詩已矣. 告諸往而知來者.
사야 시가여언시이의   고저왕이지래자

주 1 切磋琢磨 : 《시경詩經》의 기오편淇奧篇에 있는 시구. 절차는 각角이나 골骨을 손질함에 있어서 먼저 이것을 끊어서 거기에 또 갈게 됨을 말하고, 탁마는 구슬이나 돌을 손질함에 있어서는 먼저 그것을 쪼아서 거기에 또 닦게 됨

을 말한 것으로, 학문 수양에는 더욱더 단계를 밟아가면서 각고근면刻苦勤勉해야 함을 말한 것. 2 其斯之謂與 : 그것은 이것을 두고 한 말이군요. 그것은 이것을 뜻하는군요. 3 賜 : 자공子貢의 이름(10장 참조). 4 告諸往… : 자공子貢이 공자孔子의 말씀하신 뜻을 이해하고 직각적으로 시구를 연상하게 된 것을 말한다.학문이 도덕의 학문이기 때문이다.

16. 공자孔子께서 말씀하셨다.

"남이 나를 알아주지 않는 것¹을 걱정하지 말고, 내가 남을 알지 못함을 걱정해야 한다."

> 子曰 不患人之不己知 患不知人也.
> 자왈 불환인지불기지 환부지인야

주 1 不己知 : 不知己를 도치倒置하여 강조한 글. 자기를 알아주지 않다.

제2편
위爲정政

1. 공자孔子께서 말씀하셨다.

"정치를 덕德으로써 한다면 마치 북극성北極星이 제자리에 머물러 있고 여러 별들이 그것을 향하여 도는 것과 같다."

子曰 爲政以德 譬如北辰居其所 而衆星共之.
자왈 위정이덕 비여북신거기소 이중성공지

해설 덕치주의德治主義를 말한 것이다. 인仁의 덕德을 체득한 자에 의한 덕화德化로써 정치를 한다면 백성은 이에 따라 미화美化되어 자발적인 도덕성을 발휘함으로써 나라는 잘 다스려지게 된다는 것이다.

2. 공자孔子께서 말씀하셨다.

"《시경詩經》의 300여 편[1]의 시詩를 한마디로 말하면, '생각에 사악邪惡함이 없다[2]'는 것이다."

子曰 詩三百 一言以蔽之 曰思無邪.
자왈 시삼백 일언이폐지 왈사무사

주 1 詩三百 : 《시경詩經》에는 305편(제목만 전하는 6편을 합하면 311편)의 시詩가 수록되어 있다. 2 思無邪 : 《시경》 노송魯頌 경편駉篇의 한 구절.

해설 앞장과 뒷장이 모두 정치에 대해서 말한 것임을 감안할 때, 백성은 '사무사思無邪'로 교화敎化하는 것이 덕치德治의 요요가 됨을 말한 것이라 생각된다.

3. 공자孔子께서 말씀하셨다.

"법령으로 이끌고 형벌로 다스린다면 백성은 형벌은 면하되 염치가 없게 되고, 덕德으로 이끌고 예禮¹로 다스린다면 염치도 있을 뿐더러 올바르게 된다."

子曰 道之以政 齊之以刑 民免而無恥, 道之以德 齊之以禮 有
자 왈 도 지 이 정 제 지 이 형 민 면 이 무 치   도 지 이 덕 제 지 이 례 유
恥且格.
치 차 격

주 1 禮: 인간의 사회적인 행동 규범인 바, 그것은 곧 '인仁'의 실천 방법이 된다.

해설 법률 만능의 법치주의에 대비해서 덕치주의를 말한 것이니, 그것은 정치와 교육을 일체양면적인 관계에서 생각하는 사상이다. 즉 도덕적인 교화敎化에 의해서 인간적인 도야陶冶를 완수하려 하는 데 덕치주의의 이상이 있다.

4. 공자孔子께서 말씀하셨다.

"나는 15세에 학문¹에 뜻을 두었고, 30세에는 자기 확립²을 하였고, 40세에는 판단에 혼란됨이 없었고, 50세에는 천명天命³을 알게 되었고, 60세에는 귀로 듣는 것은 모두 순조롭게 이해하게 되었고,⁴ 70세에는 마음에 하고자 하는 대로 해도 법도에 어긋나지 않게 되었다.⁵"

子曰 吾十有五而志于學 三十而立 四十而不惑 五十而知天命
자왈 오십유오이지우학 삼십이립 사십이불혹 오십이지천명
六十而耳順 七十而從心所欲 不踰矩.
육십이이순 칠십이종심소욕 불유구

주 1 學 : 성인聖人의 학문. 2 立 : 인격적 자기 확립, 도덕적 자립. 3 天命 : 인간의 도덕적인 사명, 정언적定言적인 명령. 4 六十而耳順 : 이론이성理論理性의 최고 경지에 도달한 사실을 말함. 5 七十而從心… : 실천이성實踐理性의 최고 경지, 또는 '자기입법自己立法'의 경지에 도달했음을 말함.

5. 맹의자孟懿子¹가 효孝에 대해서 물어보자, 공자께서 말씀하시기를, "어기는 일이 없도록 하는 것이다"라고 하셨다.

그 후 번지樊遲²가 수레로 모시게 되었을 때, 공자께서 말씀하시기를, "맹손孟孫이 나에게 효孝에 대해서 묻기에 내가 '어기는 일이 없도록 하는 것이다'라고 하였다."

번지樊遲가 물었다.

"무슨 뜻입니까?"

공자께서 말씀하셨다.

"부모가 살아 계실 때에는 예禮로써 섬기고, 돌아가신 뒤에는 예로써 장사지내고, 예로써 제사를 지내야 한다는 것이다."

孟懿子問孝 子曰 無違. 樊遲御 子告之曰 孟孫問孝於我 我
맹 의 자 문 효 자 왈 무 위 번 지 어 자 고 지 왈 맹 손 문 효 어 아 아
對曰 無違. 樊遲曰 何謂也. 子曰 生事之以禮 死葬之以禮 祭
대 왈 무 위 번 지 왈 하 위 야 자 왈 생 사 지 이 례 사 장 지 이 례 제
之以禮.
지 이 례

주 1 孟懿子 : 노魯나라의 대부大夫인 중손씨仲孫氏. 이름은 하기何忌, 의懿는 시호. 맹손孟孫도 같은 사람이다. 공자孔子에게 예禮를 배운 일이 있다. 숙손叔孫·계손季孫과 더불어 맹손孟孫은 노魯나라의 삼대三大 권세가였다. 2 樊遲 : 공자의 문인. 이름은 수須, 자字는 자지子遲. 공자보다 36세 연하였다.

6. 맹무백孟武伯[1]이 효孝에 대해서 물어보자, 공자께서 말씀하셨다.
"부모는 오직 그 자식이 병이 날까봐 그것만을 걱정한다.[2]"

孟武伯問孝 子曰 父母唯其疾之憂.
맹 무 백 문 효 자 왈 부 모 유 기 질 지 우

주 1 孟武伯 : 맹의자孟懿子의 아들. 무武는 시호, 백伯은 맏형을 말함. 2 父母… : 그러므로 부모의 마음을 살펴서, 자기의 건강에 유의하는 것이 곧 효도가 된다는 뜻이다.

7. 자유子游[1]가 효孝에 대해서 물어보자, 공자께서 말씀하셨다.
"요즘의 효孝란 것은 단지 부모를 잘 부양하는 것만을 가리키고 있지만, 개나 말도 모두 잘 먹여 기르고 있으니, 공경하지 않는다면 무엇으로 구별하겠는가?"

子游問孝 子曰 今之孝者 是謂能養, 至於犬馬 皆能有養, 不敬
자유문효 자왈 금지효자 시위능양 지어견마 개능유양 불경
何以別乎?
하 이 별 호

주 1 子游 : 공자孔子의 문인. 성은 언言, 이름은 언偃, 자字는 자유子游이다. 공자보다 45세 연하였다.

8. 자하子夏가 효孝에 대해서 물어보자, 공자께서 말씀하셨다.
"항상 부드러운 얼굴 표정으로 부모를 섬기기가 어렵다. 일이 있을 때에는 젊은이들이 그 수고를 맡아서 하고, 술이나 음식이 있으면 어른에게 먼저 드시게 하는 것만으로 효孝라고 할 수 있겠는가?"

子夏問孝 子曰 色難. 有事 弟子服其勞 有酒食 先生饌 曾是
자하문효 자왈 색난 유사 제자복기로 유주사 선생찬 증시
以爲孝乎?
이 위 효 호

9. 공자孔子께서 말씀하셨다.

"내가 회回¹와 온종일 이야기를 해도 내 뜻을 어기지 않아 어리석은 사람같이 보였다. 그러나 물러가고 난 다음 그의 개인 행동을 살펴보니 그야말로 나의 가르침을 잘 실현하기에 충분하니 회回는 어리석은 사람이 아니다."

子曰 吾與回言終日 不違如愚. 退而省其私 亦足以發 回也
자왈 오여회언종일 불위여우   퇴이성기사 역족이발 회야
不愚.
불우

주 1 回 : 공자孔子의 수제자首弟子. 성은 안顔, 이름은 회回, 자字는 자연子淵이다. 공자보다 30세 연하였으나 41세에 죽어 공자를 비통하게 하였다.

10. 공자孔子께서 말씀하셨다.

"그 사람의 행동을 보고, 그 동기를 살펴보고, 그가 편안히 여기는 바를 알아본다면 사람이 어찌 자신을 숨길 수 있겠는가, 사람이 어찌 자신을 숨길 수 있겠는가?"

子曰 視其所以 觀其所由 察其所安 人焉廋哉 人焉廋哉?
자왈 시기소이 관기소유 찰기소안 인언수재 인언수재

11. 공자孔子께서 말씀하셨다.

"옛것을 잘 익혀 새로운 것을 알게 되면 남의 스승이 될 수 있다."

子曰 溫故而知新 可以爲師矣.
자왈 온고이지신 가이위사의

12. 공자孔子께서 말씀하셨다.
"군자는 (한 가지 구실만 하는) 그릇과 같은 것이 아니다.[1]"

子曰 君子不器.
자왈 군자불기

주 1 君子不器 : 군자는 한 가지 특정 용도로만 사용되는 그릇과 같은 존재가 아니라 덕을 닦은 군자君子가 터득한 도리는 모든 일에 통용되는 것임을 말한다. 즉 군자君子는 전인적인 완성자이고, 목적 그 자체로서의 인격 주체적 존재임을 말한 것이다.

13. 자공子貢이 군자에 대해서 물었더니, 공자께서 말씀하셨다.
"먼저 말하고자 하는 것을 먼저 행하고 그 다음에 가서 말을 해야 한다."

子貢問君子 子曰 先行其言 而後從之.
자공문군자 자왈 선행기언 이후종지

14. 공자孔子께서 말씀하셨다.
"군자는 널리 사귀되 편파적이 아니며, 소인[1]은 편파적이어서 널

제2편 위정爲政 33

리 사귀지 못한다."

子曰 君子周而不比 小人比而不周.
자왈 군자주이불비 소인비이부주

주 1 小人 : 군자君子의 반대로 덕德이 없는 자를 뜻하는 동시에 신분이 낮은 사람을 가리킬 때도 있다.

15. 공자孔子께서 말씀하셨다.
"배우기만 하고 생각하지 않으면 분명치 못하고, 생각만 하고 배우지 않으면 정신이 위태롭다."

子曰 學而不思則罔 思而不學則殆.
자왈 학이불사즉망 사이불학즉태

16. 공자孔子께서 말씀하셨다.
"이단異端¹을 공부하는 것은 해가 될 뿐이다."

子曰 攻乎異端 斯害也己.
자왈 공호이단 사해야이

주 1 異端 : 성인의 도道가 아닌 이단적인 이론. 다른 길을 가는 학문이나 학설을 말한다.

17. 공자孔子께서 말씀하셨다.

"유由¹야, 너에게 안다는 것에 대해서 가르쳐주랴? 아는 것을 안다 하고, 모르는 것을 모른다 하는 것, 그것이 바로 아는 것이다."

子曰 由 誨女知之乎? 知之爲知之 不知爲不知 是知也.
자왈 유 회여지지호 지지위지지 부지위부지 시지야

주 1由 : 공자孔子의 문인인 중유仲由. 자字는 자로子路. 공자보다 9세 연하였고 우직하고 용맹하였다.

18. 자장子張¹이 녹祿을 구하는 일²에 대해서 배우려고 하자, 공자께서 말씀하셨다.

"많이 들어보고 의문 나는 것은 제외하고 그 나머지를 신중히 말한다면 허물이 적을 것이며, 많이 보고 위험한 것은 제외하고 그 나머지를 신중히 행한다면 후회하는 일이 적을 것이다. 말에 허물이 적고 행동에 후회하는 일이 적게 되면 녹祿은 그 가운데 있는 것이다."

子張學干祿 子曰 多聞闕疑 愼言其餘 則寡尤, 多見闕殆 愼行
자 장 학 간 록 자 왈 다 문 궐 의 신 언 기 여 즉 과 우   다 견 궐 태 신 행
其餘 則寡悔. 言寡尤 行寡悔 祿在其中矣.
기 여 즉 과 회   언 과 우 행 과 회 녹 재 기 중 의

제2편 위정爲政 35

주 1 子張 : 공자孔子의 문인으로 성은 전손顓孫, 이름은 사師, 자字는 자장子張이다. 공자보다 48세 연하였다. 2 干祿 : 《시경詩經》에 있는 간록干祿이란 말의 의미를 물었다고 해석할 수 있다. 여기서 '록祿'이라 함은 '관록官祿'으로서의 뜻보다는 '복록福祿'이란 뜻으로 풀이한다.

19. 애공哀公[1]이 물었다.

"어떻게 하면 백성들이 따르게 됩니까?"

공자孔子께서 말씀하셨다.

"올바른 사람을 등용해서 그릇된 사람 위에 두게 되면[2] 백성들이 따르게 되고, 그릇된 사람을 등용해서 올바른 사람 위에 두게 되면 백성들이 따르지 않습니다."

哀公問曰 何爲則民服? 孔子對曰 擧直錯諸枉 則民服 擧枉錯
애 공 문 왈 하 위 즉 민 복   공 자 대 왈 거 직 조 저 왕   즉 민 복 거 왕 조
諸直 則民不服.
저 직 즉 민 불 복

주 1 哀公 : 노魯나라의 군주(재위 기원전 492~477). 이름은 장蔣이다. 2 錯諸枉 : 착지어왕자錯之於枉者와 같은 뜻. 그릇된 사람 위에 놓다.

20. 계강자季康子[1]가 물었다.

"백성으로 하여금 공경하고 충성되며 일에 부지런히 힘쓰게 하려면 어떻게 하면 됩니까?"

공자孔子께서 말씀하셨다.

"백성에게 장중한 태도로 임하면 공경스러워지고, 효성스럽고 자애롭게 하면 충성스럽게 되며, 훌륭한 사람을 등용해서 무능한 사람을 가르친다면 부지런하게 될 것입니다."

季康子問 使民敬忠以勸 如之何? 子曰 臨之以莊則敬 孝慈
계강자문 사민경충이권 여지하 자왈 임지이장즉경 효자
則忠 擧善而敎不能則勸.
즉충 거선이교불능즉권

주 1 季康子 : 노魯나라의 대부大夫. 성은 계손季孫, 이름은 비肥, 강康은 시호.

21. 어떤 사람이 공자孔子께 물었다.

"선생님께서는 어찌하여 정치를 하지 않으십니까?"

공자께서 말씀하셨다.

"《서경書經》에 이르기를 '효도하라! 오직 효도하고 형제에게 우애 있게 함으로써 이를 정치에도 미치게 하라'[1]고 하였소. 이렇게 하는 것 또한 정치하는 것인데 어찌 일부러 정치를 할 것이 있겠소?[2]"

或謂孔子曰 子奚不爲政? 子曰 書云 孝乎! 惟孝 友于兄弟 施於
혹위공자왈 자해불위정 자왈 서운 효호유효 우우형제 시어
有政. 是亦爲政 奚其爲爲政?
유정 시역위정 해기위위정

주 1 孝乎… : 《서경書經》의 군진편君陳篇에 이와 유사한 말이 있으나 후세의 위작이고 원전에는 없다. 2 是亦爲政… : 교육과 정치, 수기修己와 치인治人을 명체달용적明體達用的인 논리로서 생각하고 '효孝'와 '제弟'에 의해서 '제가齊家'를

제2편 위정爲政 37

이룩함으로써 '치국평천하治國平天下'에 이를 수 있다고 생각한 것이다.

22. 공자孔子께서 말씀하셨다.

"사람이 신의가 없으면 그의 쓸모를 알 수가 없다. 큰 수레에 끌채가 없고 작은 수레에 멍에걸이가 없으면 어떻게 끌고 갈 수가 있겠는가?"

子曰 人而無信 不知其可也. 大車無輗 小車無軏 其何以行
자왈 인이무신 부지기가야   대거무예 소거무월 기하이행
之哉?
지재

23. 자장子張이 물었다.

"십대十代[1] 뒤의 일을 알 수 있을까요?"

공자孔子께서 말씀하셨다.

"은殷나라는 하夏나라의 예禮[2]를 이어받았으니 하나라의 예를 빼 버리거나 더 보탠 것들을 알 수가 있고, 주周나라는 은나라의 예를 이어받았으니 은나라의 예를 빼거나 더 보탠 것들을 알 수가 있다. 혹시라도 주나라를 계승하는 자가 있다면 비록 백대百代 뒤의 예라 할지라도 알 수가 있을 것이다.[3]"

子張問 十世可知也. 子曰 殷因於夏禮 所損益可知也 周因
자장문 십세가지야   자왈 은인어하례 소손익가지야 주인

於殷禮 所損益可知也, 其或繼周者 雖百世可知也.
어 은 례 소 손 익 가 지 야   기 혹 계 주 자 수 백 세 가 지 야

주 1 十代 : 여기서 십대十代의 '대代'는 역성혁명易姓革命한 조대朝代를 말하고, 30년을 1세로 간주하는 그것과는 다르다. 2 禮 : 넓은 의미로 문물제도文物制度 전반을 말한다. 3 雖百世可知也 : '예禮'는 시대와 사회에 따라 변하는 것이지만 명분名分과 예양禮讓의 근본 원리는 변하지 않는다는 의미.

24. 공자孔子께서 말씀하셨다.
"자기가 제사 지내야 할 귀신이 아닌데 제사 지내는 것은 아첨이다. 의로운 것임을 알면서도 행하지 않는 것은 용기가 없는 것이다."

子曰 非其鬼而祭之 諂也. 見義不爲 無勇也.
자 왈 비 기 귀 이 제 지 첨 야   견 의 불 위 무 용 야

제3편

팔八일佾

1. 공자孔子께서 계씨季氏¹에 대해서 말씀하셨다.
　"자기 집 뜰에서 팔열八列의 대무隊舞²를 추게 하다니, 이런 짓을 감히 할 수 있다면 무슨 짓인들 못하겠느냐?"

孔子謂季氏 八佾舞於庭 是可忍也 孰不可忍?
공자위계씨　팔일무어정　시가인야　숙불가인

주　1 季氏: 노魯나라의 대부大夫로서 당대의 권세가. 2 八佾舞: '팔일八佾'을 이룸. 당시의 제도로는 천자天子는 팔일八佾, 제후諸侯는 육일六佾, 대부大夫는 사일四佾의 대무隊舞를 상연하게 되어 있었는데, 일열은 8인으로, '팔일八佾'은 64인으로 조직된 대무. 대부에 불과한 계손씨季孫氏가 천자의 팔일무八佾舞를 추게 한 것은 불법이다.

2. 삼대부三大夫¹ 집안에서 옹가雍歌²를 부르며 제사를 끝냈는데, 공자께서 말씀하셨다.
　"(옹의 노래에) '제후諸侯들이 제사를 도우니 천자天子의 모습 근엄하시도다' 하였거늘, 어떻게 이런 노래를 삼대부의 집에서 쓸 수 있겠는가?"

三家者 以雍徹. 子曰 '相維辟公 天子穆穆'. 奚取於三家之堂?
삼가자　이옹철　자왈　상유벽공　천자목목　해취어삼가지당

주　1 三家者: 노魯나라의 세도가인 맹손孟孫·숙손叔孫·계손季孫의 세 대부大

제3편 팔일八佾 43

夫 집안. 2 雍 :《시경詩經》주송周頌의 편명篇名. 이것은 천자天子의 종묘宗廟에서 사용하게 되어 있는 것인데, 삼가三家는 이를 어겼다.

3. 공자孔子께서 말씀하셨다.

"사람으로서 인仁하지 않으면 예禮가 있은들 무엇하며, 사람으로서 인仁하지 않으면 악樂¹이 있은들 무엇하겠는가?"

子曰 人而不仁 如禮何? 人而不仁 如樂何?
자왈 인이불인 여례하   인이불인 여악하

주 1 樂 : 음악. '예禮'와 함께 인간성의 표현으로서의 '인문人文'이다. 인간의 인격 및 품성 도야를 위한 도야재이기도 하다. 앞 2장과 관련지어 생각하건대, 사람이 인간으로서의 본심의 성정性情을 상실하고 있다면 '예禮', '악樂'은 아무런 의미를 갖지 못하게 된다는 뜻이다. 형식보다는 내적인 질을 존중하는 입장은 다음 장에서 천명되었고, 또 '의이위질예이행지義以爲質禮以行之'라는 말에 잘 표현되어 있다.

4. 임방林放¹이 예禮의 근본에 대해서 물어보자, 공자孔子께서 말씀하셨다.

"훌륭한 질문이군! 예禮는 사치스럽기보다는 차라리 검소해야 하고, 상례喪禮는 형식을 잘 갖추기보다는 차라리 슬퍼해야 한다.²"

林放問禮之本 子曰 大哉問! 禮與其奢也寧儉 喪與其易也
임방문례지본 자왈 대재문   예여기사야영검 상여기이야

寧戚.
영 척

주 1 林放 : 노魯나라 사람. 2 禮與… : 앞 장과 마찬가지로 예禮는 겉치레만의 허식을 지양하고 실질을 존중함을 말한 것이다.

5. 공자孔子께서 말씀하셨다.
"미개한 이적夷狄[1]에게 임금이 있는 것은 중국땅[2]에 임금이 없는 것보다 못하다."

子曰 夷狄之有君 不如諸夏之亡也.
자 왈 이 적 지 유 군 불 여 제 하 지 망 야

주 1 夷狄 : 중국 주변의 미개민족. 동이東夷·서융西戎·남만南蠻·북적北狄 등. 2 諸夏 : 하夏는 고대 한漢민족이 세운 나라. 화하華夏·중하中夏·중원中原을 뜻하고, 제하諸夏는 중국의 여러 나라를 가리킨다.

해설 중국의 문화 수준이 높은 것을 말한 것이다.

6. 계손씨季孫氏가 태산泰山[1]에 여제旅祭[2]를 지내려고 하자, 공자께서 염유冉由[3]에게 말했다.
"너는 그것을 못하게 할 수 없는가?"
"불가능합니다"라고 대답하자,
공자께서 말씀하셨다.

"아아! 태산泰山이 임방林放만도 못하단 말인가?⁴"

季氏旅於泰山 子謂冉由曰 女弗能救與? 對曰 不能. 子曰 嗚呼!
계씨여어태산 자위염유왈 여불능구여 대왈 불능 자왈 오호
曾謂泰山不如林放乎!
증위태산불여임방호

주 1 泰山 : 산둥성에 있는 명산名山. 2 旅祭 : 천자天子는 천하天下의 명산을 제사 지내고 제후는 자기 나라의 산을 제사 지내는 것이 예로 되어 있는데, 대부大夫에 불과한 계손씨季孫氏는 이를 참월僭越하게도 어겼다. 3 冉由 : 공자孔子의 문인으로 성은 염冉, 이름은 구求, 자字는 자유子有인데, 공자보다 29세 연하였으며, 당시 계씨季氏의 가재家宰였다. 4 曾謂… : 임방林放도 예의 본질을 알고 있는데, 태산泰山의 신이 비례非禮의 제사를 받아들일 까닭이 없다.

7. 공자孔子께서 말씀하셨다.

"군자는 다투는 일이 없으나, 꼭 있다고 한다면 활 쏘기를 하는 경우¹일 것이다. (이 경우에도) 서로 읍揖하고 사양하며 활 쏘는 자리 오르고, 내려와서는 벌주를 마시니, 그 다툼은 군자다운 것이다."

子曰 君子無所爭 必也射乎. 揖讓而升 下而飮 其爭也君子.
자왈 군자무소쟁 필야사호 읍양이승 하이음 기쟁야군자

주 1 必也射 : 사례射禮. '의례儀禮'의 향사례鄕射禮와 대사례大射禮에 그 규정이 있다.

8. 자하子夏가 물었다.

"'곱게 웃으면 보조개가 생기고, 예쁜 눈은 까맣고 또렷한데, 흰 바탕에 고운 무늬 이루었네!'¹라 한 것은 무엇을 뜻합니까?"

공자께서 말씀하셨다.

"그림을 그리는 일은 흰 바탕이 마련된 뒤에 하는 것이다.²"

자하가 다시 물었다.

"예禮는 뒤에 있다는 뜻입니까?"

공자께서 말씀하셨다.

"나를 일깨워주는 자는 너 상商³이로다. 비로소 너와 함께 시詩를 말할 수가 있게 되었구나."

子夏問曰 '巧笑倩兮 美目盼兮 素以爲絢兮' 何謂也? 子曰 繪
자하문왈   교소천혜 미목반혜 소이위현혜 하위야 자왈 회
事後素. 曰 禮後乎? 子曰 起予者商也 始可與言詩已矣.
사후소 왈 예후호? 자왈 기여자상야 시가여언시이의

주 1 巧笑倩兮… : 위에 있는 두 구句는 《시경詩經》의 위풍衛風의 석인편碩人篇에 있으나 끝의 한 구는 없다. 2 繪事後素 : '그림 그리는 일은 흰 호분胡粉을 바른 뒤에 하는 것이다'라고 풀이하기도 한다. 3 商 : 자하子夏의 이름.

9. 공자孔子께서 말씀하셨다.

"하夏나라의 예禮는 내가 말할 수 있으나 기杞나라에서는 그것을 증험證驗하기에 부족하고, 은殷나라의 예는 내가 말할 수가 있으나 송宋나라에서는 그것을 증험하기에 부족하다.¹ 그 문헌이 부족하기

때문이니, 문헌만 충분하다면 내가 그것을 증험할 수가 있다."

子曰 夏禮吾能言之 杞不足徵也 殷禮吾能言之 宋不足徵也.
자왈 하례오능언지 기부족징야 은례오능언지 송부족징야
文獻不足故也 足則吾能徵之矣.
문헌부족고야 족즉오능징지의

주 1 杞·宋 : 기杞나라와 송宋나라는 하夏나라 왕실 자손의 봉국對國.

10. 공자孔子께서 말씀하셨다.
"체제禘祭¹에서 술을 땅에 부어 강신降神을 하는 관灌²의 의식 이후의 절차부터 나는 보고 싶지 않다."

子曰 禘自旣灌而往者 吾不欲觀之矣.
자왈 체자기관이왕자 오불욕관지의

주 1 禘 : 천자天子가 그 조상을 나게 한 신神을 주로 모시되 여러 조상까지 아울러 배향配享하는 대제大祭. 노魯나라의 조상은 주공周公인데 그는 주周나라를 일으키는 데 큰 공이 있었기 때문에 성왕成王이 주공周公을 계승한 노魯나라의 백금伯禽에 대해서 주공周公을 제사 지내는 데는 천자天子의 예악禮樂을 사용하기를 허용했으므로 원래 천자만이 행하는 체제禘祭가 노나라에서도 행해지게 되었다. 2 灌 : 체제禘祭에 있어서는 반드시 울창주鬱鬯酒라는 향기로운 술을 땅에 부어 강신降神의 예로 했다.

해설 노魯나라가 제후諸侯로서 천자天子의 체제禘祭를 행한 것은 명분名分을 어긴 것이기 때문에 이것이 원인이 되어 노나라에서는 삼환三桓이 대부大夫로서 노나라의 임금을 범犯하는 등의 군신君臣 간에 명분名分을 문란케 하는 일이 자주 일어났던 것을 개탄하는 심정을 말한 것이다.

11. 어떤 사람이 체제禘祭의 의미를 물어보자, 공자께서 말씀하셨다.
 "모르겠소. 그 의미를 알고 있는 사람이면[1] 천하天下의 일에 대해서도 이것을 들여다보는 것 같을 것이오"라 하면서 자기 손바닥을 가리켰다.

或問禘之說 子曰 不知也. 知其說者之於天下也 其如示諸斯
혹 문 체 지 설   자 왈 부 지 야   지 기 설 자 지 어 천 하 야   기 여 시 저 사
乎! 指其掌.
호   지 기 장

주 1 其說者: 천자天子를 가리킴. 공자孔子는 노魯나라에서 체제禘祭를 지내고 있는 사실을 못마땅하게 생각하고 있으나, 직접적으로 이를 비난하는 것은 예가 아니기 때문에 천자天子 이외에는 그 의미를 알지 못한다고 말한 것이다.

12. 조상을 제사 지냄에 있어서는 조상이 살아계신 것같이 하고, 신神을 제사 지내는 데는 신神이 있는 것같이 할 것이다.
 공자께서 말씀하셨다.

"내가 몸소 제사에 참례하지 못하면 제사를 지내지 않은 것 같다."

祭如在 祭神如神在. 子曰 吾不與祭 如不祭.
제여재 제신여신재 자왈 오불여제 여부제

13. 왕손가王孫賈가 물었다.

"'방 아랫목의 신神에 잘 보이려 하기보다는 차라리 부뚜막의 신에 잘 보이도록 하라'²는 말은 무슨 뜻입니까?"

공자께서 말씀하셨다.

"그렇지 않습니다. 하늘에 죄를 지으면 빌 곳이 없습니다.³"

王孫賈問曰 與其媚於奧 寧媚於竈 何謂也? 子曰 不然. 獲罪
왕손가문왈 여기미어오 영미어조 하위야 자왈 불연 획죄
於天 無所禱也.
어천 무소도야

주 1 王孫賈 : 위衛나라의 영공靈公을 섬긴 권신權臣. 왕손王孫은 성, 이름은 가賈. 2 與其媚於奧… : 속요俗謠의 뜻은 임금에 아부하기보다 권신權臣에 아부하는 것이 유리하다는 것. 3 獲罪於天… : 임금을 하늘에 비유해서 임금을 존중하라는 뜻을 나타낸 것이다.

14. 공자孔子께서 말씀하셨다.

"주周나라는 (하夏나라와 은殷나라) 두 왕조를 감안하여 예제禮制를 마련했기 때문에 그 문화가 매우 찬란했다! 나는 주周나라를 따르

겠다."

子曰 周監於二代 郁郁乎文哉! 吾從周.
자왈 주감어이대 욱욱호문재 오종주

15. 공자孔子께서 태묘大廟¹에 들어가시면 매사를 물어보셨다.
어떤 사람이 말했다.
"누가 추鄹나라 사람의 아들²이 예禮를 안다고 했는가? 태묘에 들어와서 매사를 묻는데."
공자께서 이 말을 들으시고 말씀하셨다.
"그렇게 하는 것이 예禮이다."

子入大廟 每事問. 或曰 孰謂鄹人之子 知禮乎? 入大廟 每事問.
자입태묘 매사문 혹왈 숙위추인지자 지례호 입태묘 매사문
子聞之曰 是禮也.
자문지왈 시례야

주 1 大廟 : 시조始祖를 모시는 묘廟. 여기서는 주공周公을 모시기 위해서 지은 묘廟를 말한다. 2 鄹人之子 : 공자孔子가 노魯나라 추읍鄹邑의 대부大夫였던 숙량흘叔梁紇의 아들이기 때문에 그렇게 말한 것이다.

16. 공자孔子께서 말씀하셨다.
"활쏘기의 예禮는 과녁을 뚫는 것을 주로 하지 않는데,¹ 그것은 사람의 힘이 같지 않기 때문이며, 그렇게 하는 것은 옛날의 법도인

것이다."

子曰 射不主皮 爲力不同科 古之道也.
자왈 사부주피 위력부동과 고지도야

주 1 射不主皮 : 예사禮射에 있어서는 과녁을 명중하는 결과보다도 그 활 쏘는 자세, 예용禮容, 절도가 더 중요하다는 것으로, 행위의 결과보다는 동기의 순수성을 강조한 것이다. 《의례儀禮》 향사예편鄕射禮篇에 '예사부주피禮射不主皮'라는 말이 있다.

17. 자공子貢이 곡삭告朔¹의 예禮에 제물로 쓰는 산 양羊을 바치는 것을 그만두기로 하자,² 공자孔子께서 말씀하셨다.
"사賜야! 너는 그 양을 아끼고 있지만 나는 그 예를 아끼고 있다.³"

子貢 欲去告朔之餼羊, 子曰 賜也! 爾愛其羊 我愛其禮.
자공 욕거곡삭지희양   자왈 사야 이애기양 아애기례

주 1 告朔 : 천자天子가 연말이 되면 다음 1년간의 달력을 제후諸侯에게 나누어 주고, 제후는 이것을 조상의 묘에 보관해두었다가 매월 초하룻날에 제물로 산 양羊을 바치고, 달력을 보고 그 내용을 백성들에게 알려주었으니, 이것이 곡삭告朔의 예이다. 2 欲去告朔… : 그 당시 노魯나라에서는 고삭의 예는 실제로는 행해지지 않게 되었으므로 양만 헛되이 희생시킬 필요가 없다는 뜻이다. 3 我愛其羊… : 공자孔子는 예가 문란하게 된 것을 애석하게 여긴 것이다.

18. 공자孔子께서 말씀하셨다.

"임금을 섬기는 데 예禮를 다하면, 사람들은 그것을 아첨으로 여긴다."

子曰 事君盡禮 人以爲諂也.
자왈 사군진례 인이위첨야

해설 당시의 사람들과는 달리 공자孔子는 당하堂下에서 임금께 배례하는 등 임금에 대해서 신하로서의 예禮를 다함으로써 명분을 유지해나가려고 몸소 애썼다.

19. 정공定公[1]이 물었다.

"임금이 신하를 부리고 신하가 임금을 섬기는 데는 어떻게 해야 합니까?"

공자孔子께서 대답하셨다.

"임금은 신하를 예禮로써 부리고, 신하는 임금을 충성忠誠으로써 섬겨야 합니다."

定公問 君使臣 臣事君 如之何? 孔子對曰 君使臣以禮 臣事
정공문 군사신 신사군 여지하 공자대왈 군사신이례 신사
君以忠.
군이충

주 1 定公 : 노魯나라의 임금. 공자孔子가 56세 때 정공定公에게 중용重用된 일이 있다.

제3편 팔일八佾 53

20. 공자孔子께서 말씀하셨다.

"《시경》의 관저關雎¹는 즐거우면서도 지나치지 않고, 슬프면서도 마음을 상하게 하지 않는다.²"

子曰 關雎樂而不淫 哀而不傷.
자왈 관저낙이불음 애이불상

주 1關雎:《시경詩經》 주남周南의 첫 편명篇名. 그 음악을 비평한 것이라고도 한다. 2 樂而不淫 : 감정 표현의 조화가 잘되었음을 말함.

21. 애공哀公¹이 재아宰我²에게 사社³에 대해서 물어보자, 재아宰我가 대답하였다.

"하夏나라의 임금은 소나무를 심었고, 은殷나라 사람들은 잣나무를 심었고, 주周나라 사람들은 밤나무를 심었는데,⁴ 밤나무를 심은 것은 백성들로 하여금 무서워 떨게 하려 한 것입니다.⁵"

공자孔子께서 이 말을 들으시고 말씀하셨다.

"다 되어진 일은 말하지 않는 것이고, 다 끝나버린 일은 간諫하지 않는 것이며, 지나간 일은 탓하지 않는 것이다.⁶"

哀公問社於宰我 宰我對曰 夏后氏以松 殷人以柏 周人以栗曰
애공문사어재아 재아대왈 하후씨이송 은인이백 주인이률왈
使民戰栗. 子聞之曰 成事不說 遂事不諫 旣往不咎.
사민전률 자문지왈 성사불설 수사불간 기왕불구

주 1哀公 : 노魯나라 정공定公의 아들인 희장姬蔣. 2 宰我 : 공자孔子의 문인門

人. 이름은 여予, 자字는 자아子我. 3 社 : 천자天子, 제후諸侯가 토지신土地神을 제사 지내는 곳. 4 夏后氏以松… : 흙을 모아 네모꼴 단壇을 만들고 거기에 나무를 심어 사社의 신神을 표시했다. 5 使民戰栗 : '률栗'과 '률慄'의 음音이 같은 데서 재아宰我가 이러한 해석을 했으나 사리에 맞지 않는다. 죄인을 사형시킬 때에는 사社에서 했고, 선행자善行者를 상 줄 때는 종묘에서 했기 때문에 억지로 이러한 해석을 했는데, 재아宰我가 이러한 해석을 한 것은 애공哀公에게 당시 전횡專橫하던 삼환三桓을 중죄重罪로 다스리기를 종용한 뜻이 포함되어 있다. 6 成事不說… : 애공哀公을 자극함은 노魯나라의 실정과 삼환三桓의 세력 등을 미루어볼 때 사태를 그릇되게 할 우려가 있으므로 공자孔子는 재아宰我를 억제하여 애공哀公의 실패를 미연에 방지하려 한 것이다.(애공哀公은 삼환三桓을 무리하게 억제하려 하다가 노魯나라의 멸망을 재촉했다.)

22. 공자孔子께서 말씀하셨다.

"관중管仲¹의 그릇은 작다."

어떤 사람이 말했다.

"관중管仲은 검소했습니까?"

공자께서 말씀하셨다.

"관씨管氏에게는 세 아내가 있었고, 부하 관원들은 직무를 겸해서 하는 사람이 없었으니, 어찌 검소했다고 할 수가 있겠는가?"

"그러면, 관중은 예를 알았습니까?" 하고 묻자, 공자께서 말씀하셨다.

"임금이 단장短墻을 만들어 대문을 가리면 관씨管氏 또한 단장을 만들어 대문을 가렸고, 임금이 다른 임금과 수교修交할 때 마신 술잔을 올려놓는 대臺를 만들면 관씨 또한 마신 술잔을 올려놓는 대를 만들었으니, 관씨가 예를 알았다고 한다면 누가 예를 모른다고 하겠는가?"

子曰 管仲之器小哉! 或曰 管仲儉乎? 曰 管氏有三歸 官事不攝
자왈 관중지기소재 혹왈 관중검호   왈 관씨유삼귀 관사불섭
焉得儉? 然則管仲知禮乎? 曰 邦君樹塞門 管氏亦樹塞門 邦君
언득검 연즉관중지례호   왈 방군수새문 관씨역수새문 방군
爲兩君之好 有反坫 管氏亦有反坫. 管氏而知禮 孰不知禮?
위양군지호 유반점 관씨역유반점   관씨이지례 숙부지례

주 1 管仲 : 제齊나라 환공桓公을 도와 패자覇者가 되게 한 명재상名宰相.

23. 공자孔子께서 노魯나라의 악관장樂官長에게 음악에 대해서 말씀하셨다.

"음악에 대해서도 알 수 있지요. 처음 시작할 때에는 (모든 악기가) 일제히 합쳐서 소리가 나고, 연주가 진행됨에 따라 조화를 이루고, 각 음색音色이 뚜렷해지고, 계속 이어져나가 한 악장이 끝나는 것이지요."

子語魯大師樂曰 樂其可知也. 始作翕如也 從之純如也 皦如
자어노태사악왈 악기가지야   시작흡여야 종지순여야 교여
也 繹如也 以成.
야 역여야 이성

24. 의儀의 봉인封人[1]이 공자에게 면회를 청하며 말하였다.

56

"군자가 이곳에 오면 내가 만나 보지 못한 분이 없었습니다."

시종하던 사람이 선생님을 뵙게 해주었더니, 뵙고 나와서 말하기를,

"여러분은 어찌하여 선생님께서 벼슬을 못하심을 근심하고 있습니까? 세상에 도道가 없어진 지 오래되었으니, 하늘은 장차 선생님을 이 세상의 목탁木鐸²으로 삼을 것입니다"라고 하였다.

儀封人請見曰 君子之至於斯也 吾未嘗不得見也. 從者見之 出
의 봉 인 청 현 왈 군 자 지 지 어 사 야 오 미 상 부 득 현 야   종 자 현 지 출
曰 二三子何患於喪乎? 天下之無道也久矣. 天將以夫子爲木鐸.
왈 이 삼 자 하 환 어 상 호   천 하 지 무 도 야 구 의   천 장 이 부 자 위 목 탁

주 1 封人 : 봉지封地의 경계를 관리하는 관원官員. 2 木鐸 : 백성을 가르치고 깨우쳐주는 역할을 하는 지도자. 방울을 나무로 만든 요령搖鈴. 옛날 정월에 도인道人이란 관원이 이 목탁을 흔들어 정부의 명령을 알리고 곁들여서 백성에게 교령敎令을 베풀었다.

25. 공자孔子께서 소韶의 음악¹에 대해서는 "미美를 다 갖추었고 또 선善도 다 갖추었다" 하시고, 무武의 음악²에 대해서는 "미美는 다 갖추었으나 선善을 다 갖추지 못했다"고 하셨다.

子謂韶 盡美矣 又盡善也. 謂武 盡美矣 未盡善也.
자 위 소 진 미 의 우 진 선 야   위 무 진 미 의 미 진 선 야

주 1 韶 : 순舜임금을 찬양하는 음악. 2 武 : 무왕武王을 찬양하는 음악. 덕화

로 다스린 순舜임금과 혁명을 일으킨 무왕武王과의 시대적 기풍이 다름에 따라 음악도 각각 달랐던 것이다.

26. 공자孔子께서 말씀하셨다.

"윗자리에 있으면서 너그럽지 못하고, 예禮를 행하면서 공경스럽지 않고, 상사喪事를 당해서 슬퍼하지 않는다면 내 무엇으로 그의 사람됨을 알아보겠는가?"

子曰 居上不寬 爲禮不敬 臨喪不哀 吾何以觀之哉?
자왈 거상불관 위례불경 임상불애 오하이관지재

제4편
이里인仁

1. 공자孔子께서 말씀하셨다.
 "인仁한 마을에 사는 것이 좋다.¹ 선택할 수가 있는데도² 인한 곳에 살지 않는다면 어찌 지혜롭다³ 하겠는가?"

子曰 里仁爲美. 擇不處仁 焉得知?
자왈 이인위미 택불처인 언득지

주 1 里仁爲美 : "사는 마을은 인仁한 곳이 좋다"라고 풀이하기도 한다. 2 擇 : 사람에게는 선택의 자유, 의지의 자유가 있다는 뜻. 3 知 : 실천이성적인 지성. 인의 지智, 덕성의 지智.

2. 공자孔子께서 말씀하셨다.
 "인仁하지 않은 사람은 곤궁한 처지에서 오래 견디지 못하고, 안락한 가운데도 오래 지내지 못한다.¹ 인자仁者는 인仁에 안주하고, 지자知者는 인仁을 이롭게 여긴다.²"

子曰 不仁者 不可以久處約 不可以長處樂. 仁者安仁 知者利仁.
자왈 불인자 불가이구처약 불가이장처락 인자안인 지자이인

주 1 不仁者… : 인하지 않은 사람은 반드시 타락된 생활을 하게 됨을 뜻한다. 2 仁者安仁 : 인자는 '인' 그 자체 속에서 살아가는 자이지만, 지자知者는 이에 미치지 못하여 인을 애써 추구하여 이를 얻으려고 하는 자이다.

3. 공자孔子께서 말씀하셨다.

"오직 인자仁者만이 남을 좋아할 수도 있고, 남을 미워할 수도 있다."

子曰 唯仁者 能好人 能惡人.
자 왈 유 인 자 능 호 인 능 오 인

해설 인자만은 사심私心이 없기 때문에 시비是非, 호오好惡가 공정하다.

4. 공자孔子께서 말씀하셨다.

"진실로 인仁에 뜻을 둔다면 악한 일은 없게 된다."

子曰 苟志於仁矣 無惡也.
자 왈 구 지 어 인 의 무 악 야

5. 공자孔子께서 말씀하셨다.

"부富와 귀貴는 사람들이 바라는 것이지만 정당한 방법으로 얻은 것이 아니면 그것을 누려서는 안 된다. 가난함과 천함은 사람이 싫어하는 것이지만 부당하게 그렇게 되었다 하더라도 벗어나려 하지 말아야 한다. 군자가 인仁을 버리면 어찌 명예를 이룰 수 있겠는가? 군자는 밥 먹는 동안이라도 인을 어기지 말아야 하며, 다급한 때에도 반드시 이것에 의지해야 하고, 넘어지는 순간에도 반드시 이것에 의지해야 한다."

> 子曰 富與貴 是人之所欲也 不以其道得之 不處也. 貧與賤
> 자왈 부여귀 시인지소욕야 불이기도득지 불처야 빈여천
> 是人之所惡也 不以其道得之 不去也. 君子去仁 惡乎成名?
> 시인지소오야 불이기도득지 불거야 군자거인 오호성명
> 君子無終食之間違仁 造次必於是 顚沛必於是.
> 군자무종식지간위인 조차필어시 전패필어시

6. 공자孔子께서 말씀하셨다.

"나는 아직껏 인仁을 좋아하는 사람과 인하지 않는 것을 미워하는 사람을 본 적이 없다. 인을 좋아하는 사람에게는 더 바랄 것이 없으며, 인하지 않은 것을 미워하는 사람은 인을 행함에 있어 인하지 않는 것이 자기 몸에 가해지지 않도록 할 것이다. 하루라도 그의 힘을 인을 위해서 쓸 수 있는 사람이 있을까? 나는 그렇게 하는 데 힘이 모자라는 사람을 보지 못했다. 혹 그런 사람이 있을지는 모르지만 나는 보지 못했다."

> 子曰 我未見好仁者 惡不仁者. 好仁者 無以尙之 惡不仁者
> 자왈 아미견호인자 오불인자 호인자 무이상지 오불인자
> 其爲仁矣 不使不仁者加乎其身. 有能一日用其力於仁矣乎.
> 기위인의 불사불인자가호기신 유능일일용기력어인의호
> 我未見力不足者. 蓋有之矣 我未之見也.
> 아미견력부족자 개유지의 아미지견야

7. 공자孔子께서 말씀하셨다.

"사람의 허물은 각각 그가 속한 무리에 따른다.¹ 허물을 보면 곧 그의 인仁한 정도를 알 수 있다."

子曰 人之過也 各於其黨. 觀過 斯知仁矣.
자왈 인지과야 각어기당 관과 사지인의

주 1 人之過也… : 군자君子는 인정이 후하여 허물을 범하게 되고, 소인小人은 인정이 박해서 허물을 범하게 된다.

8. 공자孔子께서 말씀하셨다.

"아침에 도道를 들어 알게 된다면 저녁에 죽어도 좋다."

子曰 朝聞道 夕死可矣.
자왈 조문도 석사가의

해설 진리에 대한 절대적 사모와 열의를 나타낸 말이다.

9. 공자孔子께서 말씀하셨다.

"선비가 도道에 뜻을 두었다 해도 허술한 옷과 험한 음식을 부끄럽게 여긴다면, 그는 함께 논의할 상대가 못된다."

子曰 士志於道 而恥惡衣惡食者 未足與議也.
자왈 사지어도 이치악의악식자 미족여의야

10. 공자孔子께서 말씀하셨다.

"군자는 천하의 일에 대해서 꼭 그래야 한다는 것도 없고, 절대로 안 된다는 것도 없으며, 다만 의義¹에 따를 뿐이다."

子曰 君子之於天下也 無適也 無莫也 義之與比.
자왈 군자지어천하야 무적야 무막야 의지여비

주 1義 : 타당성 있는 행동의 주체적 규제 원리.

11. 공자孔子께서 말씀하셨다.

"군자는 덕德을 생각하고, 소인小人은 편히 살 곳¹을 생각하며, 군자는 법을 생각하고, 소인은 혜택을 생각한다.²"

子曰 君子懷德 小人懷土 君子懷刑 小人懷惠.
자왈 군자회덕 소인회토 군자회형 소인회혜

주 1土 : 땅은 이익, 또는 편히 살 곳. 2 君子懷刑… : 군자君子는 행동이 의리義理에 합당하기를 생각하지만, 소인小人은 특혜를 입어 예외적인 처우를 받을 것을 생각한다.

12. 공자孔子께서 말씀하셨다.

"이익에 따라서만 행동하면 원망을 많이 사게 된다."

子曰 放於利而行 多怨.
자왈 방어리이행 다원

13. 공자孔子께서 말씀하셨다.
"예의와 겸양으로써 나라를 다스린다면 무슨 어려움이 있겠는가? 예의와 겸양으로써 나라를 다스리지 못한다면 예禮[1]는 있어 무엇하겠는가?"

子曰 能以禮讓爲國乎 何有? 不能以禮讓爲國 如禮何?
자왈 능이례양위국호 하유 불능이례양위국 여례하

주 1 禮 : 예의 근본 원리는 '양讓'에 있다.

14. 공자孔子께서 말씀하셨다.
"벼슬자리 없는 것을 걱정할 것이 아니라 벼슬자리에 설 능력이 없는 것을 걱정할 것이며, 자기를 알아주지 않는 것을 걱정할 것이 아니라 남이 알아주게 되도록 힘쓸 것이다."

子曰 不患無位 患所以立, 不患莫己知 求爲可知也.
자왈 불환무위 환소이립 불환막기지 구위가지야

15. 공자孔子께서 말씀하셨다.
"삼參[1]아! 나의 도道는 하나로 관철되어 있다."

증자曾子가 말했다.

"그렇습니다."

공자께서 밖으로 나가시자 제자들이 물었다.

"그게 무슨 뜻입니까?"

증자曾子가 말했다.

"선생님의 도道는 충忠과 서恕²일 뿐이다."

子曰 參乎! 吾道一以貫之. 曾子曰 唯. 子出 門人問曰 何謂也?
자 왈 삼 호   오 도 일 이 관 지   증 자 왈 유   자 출 문 인 문 왈 하 위 야
曾子曰 夫子之道 忠恕而已矣.
증 자 왈   부 자 지 도   충 서 이 이 의

주 1 參 : 증자曾子의 이름. 2 忠恕 : 충忠은 내적인 성실성, 서恕는 충을 남에게 미루어서 헤아리는 것.

16. 공자孔子께서 말씀하셨다.

"군자는 의義에 밝고, 소인은 이利에 밝다."

子曰 君子喻於義 小人喻於利.
자 왈   군 자 유 어 의   소 인 유 어 리

17. 공자孔子께서 말씀하셨다.

"현명한 사람을 보거든 그와 같아지기를 생각하고, 현명하지 못한 사람을 보거든 마음속으로 자신을 반성해보아야 한다.

子曰 見賢思齊焉 見不賢而內自省也.
자왈 견현사제언 견불현이내자성야

18. 공자孔子께서 말씀하셨다.
"부모를 섬김에 있어서는 조심스럽게 잘못을 간諫해야 하며, 말을 따르지 않을 뜻이 보이더라도 더욱 공경하면서 부모의 뜻을 어기지 않으며, 힘들더라도 원망해서는 안 된다."

子曰 事父母幾諫 見志不從 又敬不違 勞而不怨.
자왈 사부모기간 견지부종 우경불위 노이불원

19. 공자孔子께서 말씀하셨다.
"부모가 계시면 멀리 놀러 가지 않을 것이며, 놀러갈 적에는 반드시 간다고 한 곳에 가 있어야 한다."

子曰 父母在 不遠遊 遊必有方.
자왈 부모재 불원유 유필유방

20. 공자孔子께서 말씀하셨다.
"(아버지가 돌아가신 뒤에) 3년 동안 아버지가 해오던 법도를 고치지 않는다면 효자라 할 수 있다."

子曰 三年無改於父之道 可謂孝矣.
자 왈 삼 년 무 개 어 부 지 도 가 위 효 의

21. 공자孔子께서 말씀하셨다.
"부모의 연세는 알고 있지 않으면 안 된다. 한편으로는 수壽하심이 기쁘고, 한편으로는 노쇠하심이 두렵기 때문이다."

子曰 父母之年 不可不知也. 一則以喜 一則以懼.
자 왈 부 모 지 년 불 가 부 지 야   일 즉 이 희 일 즉 이 구

22. 공자孔子께서 말씀하셨다.
"옛사람들이 말을 앞세우지 않은 것은 자신의 행동이 말을 따르지 못하는 것을 부끄러워했기 때문이다."

子曰 古者言之不出 恥躬之不逮也.
자 왈 고 자 언 지 불 출 치 궁 지 불 체 야

23. 공자孔子께서 말씀하셨다.
"매사를 단속¹함으로써 실패하는 사람은 드물다."

子曰 以約失之者 鮮矣.
자 왈 이 약 실 지 자 선 의

주 1 約 : 검약, 또는 행동의 절제로 보기도 한다.

24. 공자孔子께서 말씀하셨다.
"군자는 말에는 더디지만 행동에는 민첩하고자 한다."

子曰 君子欲訥於言 而敏於行.
자 왈 군 자 욕 눌 어 언 이 민 어 행

해설 말보다는 실천을 앞세워야 함을 말한 것이다.

25. 공자孔子께서 말씀하셨다.
"덕德이 있으면 외롭지 않고 반드시 이웃이 있다."

子曰 德不孤 必有鄰.
자 왈 덕 불 고 필 유 린

해설 인仁의 덕德을 구현한 사람은 사회적 존재로서의 자아의 의의를 자각하고 '인간애人間愛'에 사는 사람이므로 정신적으로 고독하지 않다. 또한 덕이 있는 사람에게는 언제나 사람들이 따른다.

26. 자유子游가 말했다.
"임금을 섬김에 있어 간언諫言이 잦으면 욕을 보게 되고, 친구와 사귐에 있어 충고가 잦으면 사이가 멀어지게 된다."

子游曰 事君數 斯辱矣. 朋友數 斯疏矣.
자유왈 사군삭 사욕의 붕우삭 사소의

제5편
공公야冶장長

1. 공자孔子께서 공야장公冶長¹에 대해서 말씀하시기를, "처를 거느릴 만하다. 비록 감옥에 구속된 적은 있으나 그것은 그의 죄 때문이 아니다"라고 하시고, 자신의 따님을 그의 아내로 주셨다.

공자께서는 남용南容²에 대해서 말씀하시기를, "나라에 도道가 있다면 버림받지 않을 것이고, 나라에 도가 없다 해도 형벌은 면할 것이다"고 하시고, 형의 딸을 그의 아내로 주셨다.

子謂公冶長 可妻也. 雖在縲絏之中 非其罪也. 以其子妻之.
자위공야장 가처야 수재누설지중 비기죄야 이기자처지
子謂南容 邦有道 不廢 邦無道 免於刑戮. 以其兄之子妻之.
자위남용 방유도 불폐 방무도 면어형륙 이기형지자처지

주 1 公冶長 : 공자孔子의 문인. 성은 공야公冶, 이름은 지芝, 자字는 자장子長. 제齊 또는 노魯나라 사람이라고 함. 2 南容 : 공자의 문인. 성은 남南, 이름은 도縚 또는 괄适, 자字는 자용子容.

2. 공자孔子께서 자천子賤¹에 대해서 말씀하셨다.

"군자君子로다. 이러한 사람은! 노魯나라에 군자가 없었다면 이 사람이 어디에서 이런 덕을 얻게 되었겠는가?"

子謂子賤 君子哉 若人! 魯無君子者 斯焉取斯?
자위자천 군자재 약인 노무군자자 사언취사

주 1 子賤 : 공자孔子의 문인. 성은 복宓, 이름은 부제不齊, 자字는 자천子賤.

3. 자공子貢이 물었다.
"저는 어떻습니까?"
공자께서 말씀하셨다.
"너는 그릇이다.¹"
자공이 말했다.
"무슨 그릇입니까?"
공자께서 말씀하셨다.
"호련瑚璉²이다."

子貢問曰 賜也何如. 子曰 女器也. 曰 何器也. 曰 瑚璉也.
자 공 문 왈   사 야 하 여   자 왈 여 기 야   왈 하 기 야   왈 호 련 야

주 1 女器也 : 훌륭한 인재이기는 하나 전인적全人的인 인격에는 도달하지 못했음을 나타내고 있다. 2 瑚璉 : 종묘의 제사에 사용하는 귀중한 그릇.

4. 어떤 사람이 말했다.
"옹雍¹은 인仁하기는 하되 말재주가 없습니다."
공자孔子께서 말씀하셨다.
"말재주를 어디에 쓰겠는가? 구변口辯만으로 사람들을 응대하면 남에게 자주 미움을 사게 된다. 그가 인仁한지는 알 수 없으나, 말

재주를 어디에 쓰겠는가?"

或曰 雍也仁而不佞. 子曰 焉用佞? 禦人以口給 屢憎於人.
혹왈 옹야인이불녕   자왈 언용녕   어인이구급 누증어인
不知其仁 焉用佞.
부지기인 언용녕

주 1雍 : 공자孔子의 문인. 성은 염冉, 이름은 옹雍, 자字는 중궁仲弓.

5. 공자孔子께서 칠조개漆雕開[1]한테 벼슬살이를 하라고 하자, 그가 대답하기를, "저는 벼슬살이에는 자신이 없습니다"라고 했다.
이에 공자께서 기뻐하셨다.[2]

子使漆雕開仕 對曰 吾斯之未能信. 子說.
자 사 칠 조 개 사 대 왈 오 사 지 미 능 신   자 열

주 1漆雕開 : 공자孔子의 문인. 성은 칠조漆雕, 이름은 계啓, 자字는 자개子開.
2 子說 : 자신의 수양 정도와 능력을 불문하고 벼슬살이를 하려고 하는 태도와는 달리, 끊임없는 자기완성을 위한 향학심을 좋게 보시고 기뻐하셨다.

6. 공자孔子께서 말씀하셨다.
"도道가 행해지지 않아서 뗏목을 타고 바다로 떠나가게 되면[1] 나를 따를 사람은 유由(자로)뿐일 것이다."
자로子路가 이 말을 듣고 기뻐하자, 공자께서 말씀하셨다.

제5편 공야장公冶長 77

"유由가 용맹을 좋아하는 점은 나보다 낫지만, 사리를 분별할 줄 모른다.²"

子曰 道不行 乘桴浮于海 從我者 其由與. 子路聞之喜. 子曰
자왈 도불행 승부부우해 종아자 기유여 자로문지희 자왈
由也 好勇過我 無所取材.
유야 호용과아 무소취재

주 1 乘桴浮於海 : 혼란한 세상을 피하려 하는 뜻. 2 無所取材 : '뗏목을 엮을 재료를 얻을 수는 없다'라고 풀이도 하고, 신주新注(주자朱子의《집주集注》)에서는 '재材'를 '재裁'로 해석해서 '도리를 헤아릴 수는 없다'고 하여 자로子路의 무분별을 말한 것이라 풀이한다.

7. 맹무백孟武伯이 물었다.
"자로子路는 인仁합니까?"
공자孔子께서 말씀하셨다.
"모르겠습니다."
또 물어보자, 공자께서 말씀하셨다.
"유由는 천승千乘의 나라¹에서 군대의 일을 맡아보게 할 수는 있으나, 그가 인仁한지는 모르겠습니다."
"구求²는 어떻습니까?"고 맹무백이 묻자, 공자께서 말씀하셨다.
"구求는 천호千戶 되는 읍邑이나 경대부卿大夫의 집안에서 읍장邑長이나 가재家宰 노릇은 할 수는 있으나, 그가 인仁한지는 모르겠습니다."

"적赤³은 어떻습니까?"라고 묻자, 공자께서 말씀하셨다.

"예복을 입고 조정에 서서 빈객賓客들과 응대하도록 할 수는 있으나, 그가 인仁한지는 모르겠습니다."

孟武伯問 子路仁乎? 子曰 不知也. 又問 子曰 由也 千乘之國
맹무백문 자로인호   자왈 부지야   우문 자왈 유야 천승지국
可使治其賦也 不知其仁也. 求也何如? 子曰 求也 千室之邑
가 사 치 기 부 야   부 지 기 인 야   구 야 하 여   자 왈 구 야 천 실 지 읍
百乘之家 可使爲之宰也 不知其仁也. 赤也何如? 子曰 赤也
백 승 지 가 가 사 위 지 재 야 부 지 기 인 야   적 야 하 여   자 왈 적 야
束帶立於朝 可使與賓客言也 不知其仁也.
속 대 립 어 조 가 사 여 빈 객 언 야   부 지 기 인 야

주 1 千乘之國 : 제후의 나라(학이學而 제5장 참조). 2 求 : 공자孔子의 문인. 염유冉有의 이름. 3 赤 : 공자의 문인. 성은 공서公西, 이름은 적赤, 자字는 자화子華. 공자보다 42세 연하였다.

8. 공자孔子께서 자공子貢에게 물으셨다.

"너와 회回¹는 누가 나은가?"

이에 자공이 대답했다.

"제가 어찌 감히 회를 바라볼 수가 있겠습니까? 회는 하나를 들으면 열을 아는데, 저는 하나를 들어서 둘을 알 뿐입니다."

공자께서 말씀하셨다.

"그만 못하다. 나와 너는 그만 못하다.²"

子謂子貢曰 女與回也 孰愈? 對曰 賜也 何敢望回. 回也聞一
자위자공왈 여여회야 숙유 대왈 사야 하감망회 회야문일
以知十 賜也聞一以知二. 子曰 弗如也 吾與女 弗如也.
이지십 사야문일이지이 자왈 불여야 오여여 불여야

주 1回 : 공자孔子의 수제자. 안회顔回(위정爲政 제9장 참조). 2 吾與女… : 자공子貢의 솔직한 대답을 듣고 기뻐하여 위로했다.

9. 재여宰予¹가 낮잠을 자자, 공자孔子께서 말씀하셨다.

"썩은 나무로는 조각을 할 수가 없고, 더러운 흙으로 쌓은 담은 흙손질을 할 수가 없다.² 여予에게 무엇을 나무랄 것인가?"

공자께서 또 말씀하셨다.

"전에 나는 사람을 대함에 있어서 그의 말을 듣고 그의 행실을 믿었는데, 이제 나는 사람을 대함에 있어서 그의 말을 듣고도 그의 행실을 살피게 되었다. 여予로 인해서 사람 보는 방식을 고치게 되었다."

宰予晝寢 子曰 朽木不可雕也 糞土之牆 不可杇也 於予與
재여주침 자왈 후목불가조야 분토지장 불가오야 어여여
何誅? 子曰 始吾於人也 聽其言而信其行 今吾於人也 聽其
하주 자왈 시오어인야 청기언이신기행 금오어인야 청기
言而觀其行. 於予與改是.
언이관기행 어여여개시

주 1宰予 : 자字는 자아子我. 선진편先進篇에 "언어에는 재아宰我와 자공子貢"이라고 있으니, 그는 변설에 능한 사람이었다. 2 朽木不可… : 가망성이 없음. 교육의 가능성이 없음을 말한 것이라고 풀이한다.

80

10. 공자孔子께서 말씀하셨다.

"나는 아직 꿋꿋한 사람을 보지 못했다."

어떤 사람이 대답했다.

"신정申棖¹이 있습니다."

공자께서 말씀하셨다.

"정棖에게는 욕심이 있으니 어찌 꿋꿋할 수가 있겠는가?"

子曰 吾未見剛者. 或對曰 申棖. 子曰 棖也慾 焉得剛?
자왈 오미견강자   혹대왈 신정   자왈 정야욕 언득강

주 1 申棖 : 공자孔子의 문인. 노魯나라 사람.

11. 자공子貢이 말했다.

"저는 남이 저에게 공격하는 것을 원치 않거니와 저도 남에게 그런 짓을 하고 싶지 않습니다.¹"

공자孔子께서 말씀하셨다.

"사賜(자공)야, 네가 해낼 수 있는 일이 아니다.²"

子貢 曰 我不欲人之加諸我也 吾亦欲無加諸人. 子曰 賜也
자공 왈 아불욕인지가저아야   오역욕무가저인   자왈 사야
非爾所及也.
비이소급야

주 1 我不欲… : 안연편顏淵篇에 "내가 하고 싶지 않은 것은 남에게 하지 마라"라고 있다. 2 非爾所及也 : 말로써가 아니라, 실천하기가 어려움을 말한 것이다.

12. 자공子貢이 말했다.

"선생님께서 문장[1]에 대해서 하시는 말씀은 들을 수가 있었으나, 선생님께서 사람의 본성이나 천도天道에 대해서 하시는 말씀은 들어볼 수가 없었다.[2]"

子貢曰 夫子之文章 可得而聞也 夫子之言性與天道 不可得
자공왈 부자지문장 가득이문야 부자지언성여천도 불가득
而聞也.
이문야

주 1 文章 : 문물제도文物制度. 문사文辭와 위의威儀(《집주集註》). 2 夫子之言… :《맹자孟子》에는 '성性',《중용中庸》에는 '천도天道'에 대한 말이 있으되,《논어論語》에는 그러한 데 대한 직접적인 말이 없다. '성'이나 '천도'에 관한 것은 형이상학적인 문제이지 실천궁행의 문제가 아니므로, 공자孔子는 이에 대한 이론적인 언설言說을 일삼지 않았다. 그것은 '하학이상달下學而上達'을 표방하는 공자의 사상적 입장으로 보아 당연한 것이다.

13. 자로子路는 가르침을 듣고 그것을 아직 실천하지 못했으면 또 다른 가르침을 듣는 것을 두려워하였다.

子路有聞 未之能行 唯恐有聞.
자로유문 미지능행 유공유문

14. 자공子貢이 물었다.

"공문자孔文子[1]는 어찌하여 문文이라 부르게 되었습니까?[2]"

공자孔子께서 말씀하셨다.

"명민하면서도 배우기를 좋아하고, 아랫사람에게 묻기를 부끄러워하지 않았으므로 시호를 문文이라고 부르게 된 것이다."

子貢問曰 孔文子 何以謂之文也. 子曰 敏而好學 不恥下問 是
자공문왈 공문자 하이위지문야   자왈 민이호학 불치하문 시
以謂之文也.
이위지문야

주 1 孔文子 : 衛위나라의 대부大夫. 성은 공孔, 이름은 어圉, 시호가 문文. 2 何以謂之文也 : 그는 욕망에 치우쳤고 성실치 않았던 사람인데 그의 시호가 '문'으로 되어 있는데 대해서 물어본 것이다.

15. 공자孔子께서 자산子産[1]에 대해서 말씀하셨다.

"그는 군자君子의 도道를 네 가지 지니고 있었으니, 그의 행동은 공손하였고, 윗사람을 섬김에는 공경스러웠고, 백성을 돌봐 줌에는 자혜로웠고, 백성을 부림에는 의로웠다."

子謂子産 有君子之道四焉 其行己也恭 其事上也敬 其養民
자위자산 유군자지도사언 기행기야공   기사상야경   기양민
也惠 其使民也義.
야혜 기사민야의

주 1 子産 : 정鄭나라의 대부大夫인 공손교公孫僑의 자字. 공자孔子가 30세 때 죽었다(기원전 522년). 명신名臣으로 일컬어졌고 법가法家로 지목도 되었다. 공자에게도 적지 않은 영향을 주었다.

16. 공자孔子께서 말씀하셨다.

"안평중晏平仲¹은 남과 사귀기를 잘하였는데, 오래 사귀어도 상대방을 존경하였다.²"

子曰 晏平仲 善與人交 久而敬之.
자왈 안평중 선여인교 구이경지

주 1 晏平仲 : 제齊나라의 대부大夫(기원전 ?~500년). 안晏은 성, 이름은 영嬰, 중仲은 자字, 평平은 시호. 2 久而敬之 : 오래 사귀면 친숙하게 되어 상대방을 함부로 대하기 쉬우나, 안평중晏平仲은 항상 상대방을 존경함으로써 우의를 두텁게 하였다.

17. 공자孔子께서 말씀하셨다.

"장문중臧文仲¹은 점치는 데 쓰는 큰 거북 껍데기를 간직하고 있었고,² 기둥 꼭대기에 산 무늬를 새기고 대들보 지주支柱에 물풀 무늬를 그렸는데,³ 어찌 그를 지혜롭다 하겠는가?"

子曰 臧文仲居蔡 山節藻梲 何如其知也?
자왈 장문중거채 산절조절 하여기지야

주 1 臧文仲 : 노魯나라의 대부大夫. 성은 장손臧孫, 이름은 진辰, 중仲은 자字, 문文은 시호. 2 居蔡 : 채蔡나라에서 나는 큰 거북의 껍데기를 간직해두었다가 점치는 것은 임금이 아니고서는 할 수 없었다. 3 山節藻梲 : 구갑龜甲을 간직해둔 방의 장식.

18. 자장子張이 물었다.

"영윤令尹 자문子文¹은 세 번 벼슬하여 영윤이 되었으나 기뻐하는 기색이 없었고, 세 번 그 벼슬을 그만두게 되었으나 노여워하는 기색이 없었으며, 전임前任 영윤이 행한 정무政務를 반드시 신임新任 영윤에게 일러주었는데, 이 사람은 어떻습니까?"

공자孔子께서 말씀하셨다.

"충성스럽구나."

자장이 물었다.

"인仁하다 하겠습니까?"

공자께서 말씀하셨다.

"모르기는 하지만 어찌 인仁하다고야 하겠느냐?"

자장이 물었다.

"최자崔子²가 제齊나라의 임금을 죽였을 때, 진문자陳文子³는 40마리의 말을 갖고 있었으나 그것을 버리고 제나라를 떠났습니다. 그는 다른 나라에 가서 곧 '이 사람도 우리 나라의 대부大夫 최자崔子와 같다'고 하며 그곳을 떠났고, 다시 다른 나라에 가서도 또 말하기를 '이 사람도 우리 나라의 대부 최자와 같다'라고 하면서 거기를 떠났는데, 이 사람은 어떻습니까?"

공자께서 말씀하셨다.

"청렴하구나."

자장이 물었다.

"인仁하다 하겠습니까?"

공자께서 말씀하셨다.

"모르기는 하지만 어찌 인하다고야 하겠느냐?[4]"

子張問曰 令尹子文 三仕爲令尹 無喜色 三已之 無慍色, 舊令
자장문왈 영윤자문 삼사위영윤 무희색   삼이지 무온색   구영
尹之政 必以告新令尹. 何如? 子曰 忠矣. 曰 仁矣乎? 曰 未知 焉
윤지정 필이고신영윤 하여 자왈 충의 왈 인의호   왈 미지 언
得仁? 崔子弑齊君 陳文子有馬十乘 棄而違之. 至於他邦 則曰
득인   최자시제군 진문자유마십승 기이위지 지어타방 즉왈
猶吾大夫崔子也. 違之. 之一邦 則又曰 猶吾大夫崔子也. 違之.
유오대부최자야 위지 지일방 즉우왈 유오대부최자야   위지
何如? 子曰 清矣. 曰 仁矣乎? 曰 未知 焉得仁?
하여 자왈 청의 왈 인의호   왈 미지 언득인

주 1 令尹子文 : 영윤令尹은 초楚나라의 벼슬 이름. 재상. 자문子文은 자字, 성은 투鬪, 이름은 곡어토穀於菟. 서기 7세기 중엽 춘추 초기의 사람. 공자孔子보다 약 100년 전의 사람. 2 崔子 : 최저崔杼. 제齊나라의 대부大夫였는데 장공莊公이 그의 아내를 간통함에 그를 죽였다. 3 陳文子 : 제齊나라의 대부大夫. 성은 진陳, 이름은 수무須無, 문文은 시호. 그는 장공莊公의 음행淫行을 사전에 막지 못했으므로 임금을 죽인 적당賊黨을 토벌해야 하는 의를 실현하지 못하고, 다만 제나라를 떠났을 따름이므로 깨끗하다고만 한 것이다. 4 未知焉得仁 : '인'은 완전한 선善, 또는 지선至善이고, '인자仁者'란 '전인全人'의 경지이므로 단순히 일면적인 선만으로는 인하다는 말을 허용하지 않는다.

19. 계문자季文子[1]는 세 번 생각한 뒤에야 행동했다. 공자孔子께서 그 말을 들으시고 말씀하셨다.

"두 번이면 된다.[2]"

季文子 三思而後行. 子聞之 曰 再斯可矣.
계문자 삼사이후행   자문지 왈 재사가의

　　주　1 季文子 : 노魯나라의 대부大夫. 성은 계손季孫, 이름은 행부行父, 문文은 시호. 공자孔子가 태어나기 16년 전에 죽었다. 2 再斯可矣 : 너무 생각하면 단행하는 용기를 잃게 되고, 또 사심邪心이 생겨서 올바른 행동을 저해한다.

20. 공자孔子께서 말씀하셨다.
　"영무자甯武子[1]는 나라에 도道가 있을 적에는 지혜로웠고, 나라에 도가 없을 적에는 어리석었다. 그의 지혜로움은 누구나 따를 수가 있으되, 그의 어리석음은 따라갈 수가 없다."

子曰 甯武子 邦有道則知 邦無道則愚. 其知可及也 其愚 不
자왈 영무자 방유도즉지 방무도즉우   기지가급야 기우 불
可及也.
가 급 야

　　주　1 甯武子 : 위衛나라의 대부大夫. 성은 영甯, 이름은 유兪, 무武는 시호.

21. 공자孔子께서 진陳나라에 계실 적에 말씀하셨다.
　"돌아가야 되겠다, 돌아가야 되겠다. 내 고장의 젊은이들은 뜻은 크나 일에 소홀하고, 겉모양을 아름답게 이루기는 했으나 일을 재량할 줄을 모른다.[1]"

제5편 공야장公冶長　87

子在陳 曰 歸與 歸與! 吾黨之小子狂簡 斐然成章 不知所以
자 재 진 왈 귀 여 귀 여 오 당 지 소 자 광 간 비 연 성 장 부 지 소 이
裁之.
재 지

주 1 吾黨之小子… : 젊은이들을 지도할 필요성을 말한 것이다. 소질 자체는 좋지만 이를 계발하여 완성하지 않으면 실용적인 가치가 없음을 말한다.

22. 공자孔子께서 말씀하셨다.
"백이伯夷와 숙제叔齊¹는 지난날의 나쁜 일을 생각하지 않아, 이들을 원망하는 이도 드물었다."

子曰 伯夷叔齊 不念舊惡 怨是用希.
자 왈 백 이 숙 제   불 념 구 악   원 시 용 희

주 1 伯夷·叔齊 : 백이伯夷와 숙제叔齊는 은殷나라 말기 고죽군孤竹君의 두 아들인데, 전설에 의하면 백이·숙제는 아버지가 죽자 임금 자리를 서로 사양하고 주周나라로 물러나와 있었다. 그 후 주나라 무왕武王이 은나라를 토벌討伐하는 군대를 동원하자 그 앞에 나가 토벌을 중지하도록 말렸으나 듣지 않아 주나라의 곡식을 먹지 않겠다고 수양산首陽山에 들어가 고사리를 캐 먹고 살다가 굶어 죽었다고 전해지고 있다.

23. 공자孔子께서 말씀하셨다.
"누가 미생고微生高¹를 정직한 사람이라고 하는가? 어떤 사람이 그에게 식초를 얻으러 오자, 그는 이웃집에서 얻어다가 주었다 한다."

子曰 孰謂微生高直? 或乞醯焉 乞諸其鄰而與之.
자왈 숙위미생고직 혹걸혜언 걸저기린이여지

주　1微生高 : 노魯나라 사람. 성은 미생微生, 이름은 고高.

24. 공자孔子께서 말씀하셨다.
"교묘하게 말을 하고 보기 좋게 얼굴빛을 꾸미고 지나치게 공손하게 하는 것을 좌구명左丘明¹은 부끄러워했거니와, 나 또한 그것을 부끄러워한다. 원한을 감추고 그 사람과 벗하는 것을 좌구명左丘明은 부끄러워했거니와, 나 또한 그것을 부끄러워한다."

子曰 巧言令色足恭 左丘明恥之 丘亦恥之. 匿怨而友其人 左
자왈 교언영색주공 좌구명치지 구역치지 익원이우기인 좌
丘明恥之 丘亦恥之.
구명치지 구역치지

주　1左丘明 : 공자孔子 이전의 사람이라고 하나 확실하지 않음.

25. 안연顏淵과 계로季路가 곁에서 모시고 있었을 때, 공자孔子께서 말씀하셨다.
"너희들의 소망을 각기 말해보지 않겠느냐?"
자로子路가 말했다.
"수레와 말과 옷과 털로 만든 외투를 벗들과 함께 사용하다가 그것들이 못쓰게 헐어져버려도 섭섭함이 없게 되기를 바랍니다."

안연顔淵은 말했다.

"자신의 선함을 자랑하지 않고 남에게 수고로움을 끼치지 않게 되기를 바랍니다."

자로가 말했다.

"선생님의 소망을 듣고 싶습니다."

공자께서 말씀하셨다.

"늙은이들은 편안하게 해주고, 벗들에게는 믿게 해주고, 젊은이들이 따를 수 있게 되기를 바란다."

顔淵季路侍 子曰 盍各言爾志? 子路曰 願車馬衣輕裘 與朋
안 연 계 로 시 자 왈 합 각 언 이 지   자 로 왈 원 거 마 의 경 구   여 붕
友共 敝之而無憾. 顔淵曰 願無伐善 無施勞. 子路曰 願聞子
우 공 폐 지 이 무 감   안 연 왈 원 무 벌 선 무 시 로   자 로 왈 원 문 자
之志? 子曰 老者安之 朋友信之 少者懷之.
지 지   자 왈 노 자 안 지 붕 우 신 지 소 자 회 지

26. 공자孔子께서 말씀하셨다.

"끝장인가 보구나! 나는 자기의 잘못을 알아서 마음속으로 스스로를 책망하는 사람을 보지 못했다."

子曰 已矣乎. 吾未見能見其過 而内自訟者也.
자 왈 이 의 호   오 미 견 능 견 기 과   이 내 자 송 자 야

27. 공자孔子께서 말씀하셨다.

"십호十戶 정도의 마을에도 나만큼 성실하고 신의 있는 사람은 반드시 있을 것이나, 나만큼 배우기를 좋아하지는 못할 것이다."

子曰 十室之邑 必有忠信如丘者焉 不如丘之好學也.
자왈 십실지읍 필유충신여구자언 불여구지호학야

제6편

옹雍야也

1. 공자孔子께서 말씀하셨다.

"옹雍[1]은 임금 노릇을 할 만하다.[2]"

중궁仲弓이 자상백자子桑伯子[3]에 대하여 묻자,

공자께서 말씀하셨다.

"괜찮다. 사람이 소탈해서."

중궁이 말했다.

"몸가짐이 경건하고 소탈하게 행동하면서 백성을 대한다면 또한 좋지 않겠습니까? 몸가짐도 소탈하고 행동도 소탈하다면 너무나 소탈한 게 아니겠습니까?"

공자께서 말씀하셨다.

"옹의 말이 옳다."

子曰 雍也 可使南面. 仲弓問子桑伯子 子曰 可也 簡. 仲弓曰
자왈 옹야 가사남면   중궁문자상백자 자왈 가야 간 중궁왈
居敬而行簡 以臨其民 不亦可乎? 居簡而行簡 無乃大簡乎?
거경이행간 이림기민 불역가호   거간이행간 무내태간호
子曰 雍之言然.
자왈 옹지언연

주 1 雍 : 공자孔子의 문인. 성은 염冉, 이름은 옹雍, 자字는 중궁仲弓. 공자보다 29세 연하였으며 노魯나라 사람. 2 南面 : 임금이 정사政事를 처리할 때에는 남면南面하고 앉아 있음을 뜻함. 임금 노릇을 하는 것. 3 子桑伯子 : 주희는 노나라 사람이라고 하였으나 확실하지 않다. 《장자莊子》에 자상호子桑戶란 사람이 있지만 같은 사람인지 알 수 없다.

2. 애공哀公이 물었다.

"제자들 중에서 누가 배우기를 좋아합니까?"

공자孔子께서 대답하셨다.

"안회顔回라는 사람이 있어 배우기를 좋아하여 노여움을 다른 사람에게 옮기지 않고 잘못을 두 번 범하지 않았는데, 불행하게도 단명短命하여 죽었습니다.[1] 지금은 그런 사람이 없으니 배우기를 좋아한다는 사람을 들어보지 못했습니다."

哀公問 弟子孰爲好學? 孔子對曰 有顔回者好學 不遷怒 不貳
애공문 제자숙위호학 공자대왈 유안회자호학 불천노 불이
過 不幸短命死矣. 今也則亡 未聞好學者也.
과 불행단명사의 금야즉망 미문호학자야

주 1 不幸短命死矣 : 《공자가어孔子家語》에서는 안회顔回는 32세에 죽었다고 했으나, 이에 대해서는 이설異說이 많다. 청淸의 이개李鍇는 41세 때 죽었다고 말했다.

3. 자화子華[1]가 제齊나라에 사신으로 가자, 염자冉子[2]가 자화의 어머니를 위해서 곡식을 보내주기를 청했다.

공자孔子께서 말씀하셨다.

"여섯 말 넉 되[3]를 주어라."

조금 더 주기를 청하자,

"두 말 넉 되[4]를 더 주어라"고 말씀하셨다.

염자冉子가 그에게 곡식 여든 섬[5]을 주자, 공자께서 말씀하셨다.

"적赤(자화)이 제齊나라로 떠날 때, 그는 살찐 말을 타고 가벼운 털옷을 입고 있었다. 내가 듣기로는 군자는 다급한 자는 도와주지만 부자는 더 보태어주지 않는다고 하였다."

원사原思6가 가재家宰가 되었을 때, 그에게 곡식 구백 말을 주었으나 사양하였다.

공자께서 말씀하셨다.

"그러지 마라. 그것을 네 이웃이나 마을 사람들에게 주려무나!"

子華使於齊 冉子爲其母請粟. 子曰 與之釜. 請益 曰 與之庾.
자 화 사 어 제 염 자 위 기 모 청 속 자 왈 여 지 부 청 익 왈 여 지 유
冉子與之粟五秉. 子曰 赤之適齊也 乘肥馬 衣輕裘. 吾聞之
염 자 여 지 속 오 병 자 왈 적 지 적 제 야 승 비 마 의 경 구 오 문 지
也 君子周急不繼富. 原思爲之宰 與之粟九百 辭. 子曰 毋 以
야 군 자 주 급 불 계 부 원 사 위 지 재 여 지 속 구 백 사 자 왈 무 이
與爾鄰里鄕黨乎!
여 이 인 리 향 당 호

주 1子華 : 공자孔子의 문인. 공서적公西赤의 자字. 2 冉子 : 공자의 문인, 염구冉求의 존칭. 3 釜 : 분량의 단위. 여섯 말 넉 되. 4 庾 : 두 말 넉 되. 5秉 : 병은 유의 열배. 16곡斛. 1각은 10두斗. 오병五秉은 여든 섬. 6 原思 : 공자의 문인. 성은 원原, 이름은 헌憲, 자字는 자사子思. 공자가 노魯나라의 사관司冠(사법대신司法大臣)이었을 때 원사原思는 그 가재家宰가 되었다.

4. 공자孔子께서 중궁仲弓1에 대해서 말씀하셨다.

"얼룩소의 새끼라도 털빛이 붉고 뿔이 반듯하다면 비록 제물로 쓰지 않으려 한다 해서 산천山川의 신神이 그것을 내버려두겠는가?2"

子謂仲弓曰 犁牛之子 騂且角 雖欲勿用 山川其舍諸?
자 위 중 궁 왈 이 우 지 자 성 차 각 수 욕 물 용 산 천 기 사 저

주 1 仲弓 : 공자孔子의 문인, 염옹冉雍. 2 犁牛之子 : 중궁仲弓은 출신이 미천했지만 현능賢能했으므로 출신에 관계없이 반드시 발탁될 것이라는 뜻이다.

5. 공자孔子께서 말씀하셨다.
 "안회顔回는 그 마음이 석 달 동안¹ 인仁에서 벗어나는 일이 없었지만, 그 나머지 사람들은 하루나 한 달 동안 지속할 뿐이다."

子曰 回也 其心三月不違仁. 其餘則日月至焉而已矣.
자 왈 회 야 기 심 삼 월 불 위 인   기 여 즉 일 월 지 언 이 이 의

주 1 三月 : 석 달은 천운순환의 소변절小變節로서 오랫동안이라는 뜻이다.

6. 계강자季康子¹가 물었다.
 "중유仲由²는 정치에 종사케 할 수 있겠습니까?"
 공자孔子께서 말씀하셨다.
 "유由는 과감하니 정치에 종사케 하는 데 무엇이 어렵겠습니까."
 "사賜³는 정치에 종사케 할 수 있겠습니까?"
 "사는 사리事理에 통달했으니 정치에 종사케 하는 데 무엇이 어렵겠습니까."
 "구求⁴는 정치에 종사케 할 수 있겠습니까?"

"구는 재능이 많으니 정치에 종사케 하는 데 무엇이 어렵겠습니까."

季康子問 仲由可使從政也與? 子曰 由也果 於從政乎何有?
계강자문 중유가사종정야여 자왈 유야과 어종정호하유
曰 賜也可使從政也與. 曰 賜也達 於從政乎何有? 曰 求也可
왈 사야가사종정야여 왈 사야달 어종정호하유 왈 구야가
使從政也與? 曰 求也藝 於從政乎何有?
사종정야여 왈 구야예 어종정호하유

주 1 季康子 : 기원전 492년부터 노魯나라에서 정치를 맡아 했다. 2 仲由 : 자로子路의 자字. 이름은 유由이다. 3 賜 : 자공子貢의 이름. 4 求 : 염유冉由의 이름.

7. 계씨季氏가 민자건閔子騫[1]을 비費의 읍재邑宰로 삼으려 하자, 민자건이 말했다.

"나를 위해서 잘 거절하여 주십시오. 만약 다시 나를 찾는 일이 있다면 나는 반드시 문수汶水[2] 가에 도망가 있을 것입니다."

季氏使閔子騫爲費宰 閔子騫曰 善爲我辭焉. 如有復我者 則
계씨사민자건위비재 민자건왈 선위아사언 여유부아자 즉
吾必在汶上矣.
오필재문상의

주 1 閔子騫 : 공자孔子의 문인. 이름은 손損, 자字는 자건子騫. 덕행에 뛰어났다고 일컬어짐. 2 汶水 : 제齊나라의 남쪽 노魯나라 북쪽에 있는 강. 제나라로 망명하겠다는 뜻. 계씨季氏 일족은 그 당시 노魯나라에서 정권을 잡고 무도하기 이를 데 없었으므로 그 밑에서 일하는 것을 싫어한 것이다.

8. 백우伯牛¹가 병이 나자, 공자孔子께서 문병을 가시어 창문 너머에서 그의 손을 잡고 말씀하셨다.

"할 수 없다, 운명인가 보다! 이런 사람이 이런 병에 걸리다니! 이런 사람이 이런 병에 걸리다니!"

伯牛有疾 子問之 自牖執其手曰 亡之! 命矣夫! 斯人也 而有
백 우 유 질 자 문 지 자 유 집 기 수 왈 무 지   명 의 부   사 인 야 이 유
斯疾也! 斯人也 而有斯疾也!
사 질 야   사 인 야 이 유 사 질 야

주 1 伯牛 : 공자孔子의 문인. 염경冉耕의 자字. 덕행으로 뛰어났다 함. 그의 병은 나병이었다고 한다. 2 自牖執其手 : 악질惡疾에 감염될 우려가 있어 창 밖에서 문병했으나 애제자에 대한 애틋한 정은 공자孔子로 하여금 창밖에서 손을 잡게 한 것이다.

9. 공자孔子께서 말씀하셨다.

"현명하구나, 회回는! 한 그릇의 밥을 먹고 한 쪽박의 물을 마시며 누추한 마을에서 산다면, 다른 사람들은 그 괴로움을 견뎌내지 못하는데, 회는 그렇게 살면서도 그의 즐거움이 변하지 않는구나. 현명하구나, 회는!"

子曰 賢哉回也! 一簞食 一瓢飮 在陋巷 人不堪其憂 回也不
자 왈 현 재 회 야   일 단 사   일 표 음   재 누 항   인 불 감 기 우   회 야 불
改其樂. 賢哉回也!
개 기 락   현 재 회 야

10. 염구冉求가 말했다.

"선생님의 도道를 기뻐하지 않는 것은 아닙니다만, 제 힘이 부족합니다."

공자孔子께서 말씀하셨다.

"힘이 부족한 사람은 도중에 그만두게 마련인데, 지금 너는 선을 긋고 머물러 있는 것이다."

冉求曰 非不說子之道 力不足也. 子曰 力不足者 中道而廢 今
염구왈 비불열자지도 역부족야   자왈 역부족자 중도이폐 금
女畫.
녀 획

11. 공자孔子께서 자하子夏[1]에게 말씀하셨다.

"너는 군자다운 선비가 되어야지, 소인 같은 선비가 되지 마라.[2]"

子謂子夏曰 女爲君子儒 無爲小人儒.
자위자하왈 여위군자유 무위소인유

주 1 子夏: 공자孔子의 문인으로 문학에 뛰어났던 사람. 2 女爲君子儒…: 도를 체득하여 실천하는 자가 군자 같은 선비이고, 훈화장구訓話章句의 끝절에 사로잡힌 자가 소인 선비이다. 공자의 도통을 전한 자가 증자曾子인 데 대해서 경학經學의 전설을 전한 자가 자하子夏인 만큼, 자하는 학구적인 사람이었으므로 덕행적인 면을 강조해준 것이라 하겠다.

12. 자유子游¹가 무성武城²의 읍재邑宰가 되었을 때, 공자孔子께서 말씀하셨다.

"너는 인재를 얻었느냐?"

자유子游가 말했다.

"담대멸명澹臺滅明³이라는 사람이 있는데, 그는 길을 갈 때 지름길로 가지 않고, 공무公務가 아니면 저의 집에 온 적이 없습니다.⁴"

子遊爲武城宰 子曰 女得人焉爾乎? 曰 有澹臺滅明者 行不由
자유위무성재 자왈 여득인언이호   왈 유담대멸명자 행불유
徑 非公事 未嘗至於偃之室也.
경 비공사 미상지어언지실야

주 1 子遊: 언언言偃의 자字. 2 武城: 산동성山東省 비현費縣 서남西南에 있었다. 3 澹臺滅明: 담대澹臺는 성, 멸명滅明은 이름, 자字는 자우子羽이다. 4 行不由徑…: 지름길을 가지 않는다는 것은 사람이 공명정대함을 비유해서 말한 것이다.

13. 공자孔子께서 말씀하셨다.

"맹지반孟之反¹은 자기의 공功을 자랑하지 않는 사람이다. 패하여 후퇴할 때는 뒤에서 적을 막고, 성문으로 들어올 무렵에는 자기 말을 채찍질하면서 '감히 뒤처지려 한 것이 아니라, 말이 나아가지 않았던 것이오'라고 했다."

子曰 孟之反不伐. 奔而殿 將入門 策其馬曰 非敢後也 馬不
자왈 맹지반불벌 분이전 장입문 책기마왈 비감후야 마부

進也.
진 야

주 1 孟之反 : 노魯나라의 대부大夫. 성은 맹孟, 이름은 측側, 자字는 지반之反. 기원전 484년에 제齊나라와의 전쟁에서 노나라는 대패하였는데, 그때 맹측孟側은 후퇴군의 후위를 맡아 최후로 입성하였으되 그 공로를 자랑하지 않고 도리어 겸허하였다.

14. 공자孔子께서 말씀하셨다.
"축타祝鮀[1]와 같은 말재주와 송조宋朝[2]와 같은 미모美貌가 아니고서는 지금 세상에서 화를 면하기는 어려울 것이다."

子曰 不有祝鮀之佞 而有宋朝之美 難乎免於今之世矣.
자 왈 부 유 축 타 지 녕 이 유 송 조 지 미 난 호 면 어 금 지 세 의

주 1 祝鮀 : 축祝은 관명官名이고 타鮀는 이름, 자字는 자어子魚이다. 변론가로서 중용重用되었다. 2 宋朝 : 송宋나라의 공자公子였던 조朝라는 사람. 위衛나라 영공靈公의 부인夫人 남자南子의 정부情夫로서 미남으로 유명했다.

15. 공자孔子께서 말씀하셨다.
"누가 문을 통하지 않고 밖으로 나갈 수 있겠는가? 그러한데 어찌하여 이 도道[1]를 따르지 않는가?"

子曰 誰能出不由戶? 何莫由斯道也?
자왈 수능출불유호 하막유사도야

주 1 道 : 공자孔子의 도道. 세상을 살아가기 위해서는 반드시 이 도를 존중하지 않으면 아니 된다.

16. 공자孔子께서 말씀하셨다.
 "실질實質이 문식文飾을 압도하면 거칠고, 문식이 실질을 압도하면 관료적인 사람이 된다. 문식과 실질이 조화를 이룬 뒤에야 군자인 것이다."

子曰 質勝文則野 文勝質則史. 文質彬彬然後君子.
자왈 질승문즉야 문승질즉사 문질빈빈연후군자

해설 인간성에 있어서 '질質'은 인간성의 자연·질박質朴함을 말하고 '문文'은 문화·문식을 말한다. '자연自然'과 '문화文化' 어느 한편이 우세하면 거칠거나 형식적이고 관료적인 인간이 되어버린다. 그러므로 양자의 조화로운 상태에서 군자다운 이상적 인간상을 발견할 수 있게 된다. 공자孔子는 인간의 '자연성自然性'과 함께 '교양성教養性'을 중요시하고 있음을 알 수가 있다.

17. 공자孔子께서 말씀하셨다.
 "사람의 삶은 정직해야 한다. 정직함이 없이 사는 것은 요행히

화를 면하고 있을 뿐이다."

　　子曰 人之生也直 罔之生也 幸而免.
　　자 왈　인 지 생 야 직　망 지 생 야　행 이 면

18. 공자孔子께서 말씀하셨다.
　"아는 사람은 좋아하는 사람만 못하고, 좋아하는 사람은 즐기는 사람만 못하다."

　　子曰 知之者 不如好之者, 好之者 不如樂之者.
　　자 왈　지 지 자　불 여 호 지 자　 호 지 자　불 여 락 지 자

　해설 '지지자知之者'는 지적·개념적 인식자이고, '호지자好之者'는 관조적·감성적 인식자이고, '락지자樂之者'는 행동적·경험적 인식자이니, 경험적·실천적 인식을 최고의 인식으로 강조한 말이다.

19. 공자孔子께서 말씀하셨다.
　"중간 이상의 사람에게는 높은 수준의 것을 일러줄 수가 있으나, 중간 이하의 사람에게는 높은 수준의 것을 일러줄 수가 없다."

　　子曰 中人以上 可以語上也 中人以下 不可以語上也.
　　자 왈　중 인 이 상　가 이 어 상 야　중 인 이 하　불 가 이 어 상 야

해설 사람을 가르칠 때에는 그의 재능의 정도에 따라서 해야 하니, 형이상학적인 심오한 지식은 중간 이상의 사람에게만 이해가 될 수 있는 것이므로, 중간 이하의 사람에게는 가르쳐주어도 이해할 수가 없는 것이다.

20. 번지樊遲[1]가 지혜에 대해서 물어보자, 공자孔子께서 말씀하셨다.

"백성들이 지켜야 할 의로움에 힘쓰고, 귀신을 공경하되 멀리하면 지혜롭다고 할 수가 있다."

인仁에 대해서 물어보자, 공자께서 말씀하셨다.

"인한 사람은 어려운 일에는 앞서고 이득을 보는 일은 뒤에 하니, 그렇게 하면 인하다고 할 수가 있다."

樊遲問知 子曰 務民之義 敬鬼神而遠之 可謂知矣. 問仁 曰
번 지 문 지 자 왈 무 민 지 의 경 귀 신 이 원 지 가 위 지 의   문 인 왈
仁者先難而後獲 可謂仁矣.
인 자 선 난 이 후 획 가 위 인 의

주 1 樊遲: 공자孔子의 문인. 이름은 수須, 자字는 자지子遲. 공자보다 36세 연하였다. (위정爲政 제5장 참조)

21. 공자孔子께서 말씀하셨다.

"지혜로운 사람은 물을 좋아하고, 인仁한 사람은 산山을 좋아한다. 지혜로운 사람은 동적이고, 인仁한 사람은 정적이다. 지혜로운

사람은 즐겁게 살고, 인仁한 사람은 장수長壽한다."

子曰 知者樂水 仁者樂山, 知者動 仁者靜, 知者樂 仁者壽.
자왈 지자요수 인자요산 지자동 인자정 지자락 인자수

해설 '인仁'은 체體이고, '지知'는 용用이다. 체는 적연부동寂然不動한 미발未發의 중中이므로 인을 산에다 비유하고, 용은 이발已發의 '동動'이며, '지知'는 '치중화致中和'를 위한 조절자調節者이므로 이것을 물에 다 비유한다. 또 '인'은 '무욕無欲'으로써만 구현할 수 있는 것이므로 이것은 '주정主靜'으로 통한다. 정적인 것의 상징적 존재가 곧 산이 므로 인을 산에다 비유한 것이다.

22. 공자孔子께서 말씀하셨다.
"제齊나라가 한 번 변하게 되면 노魯나라와 같이 될 것이고, 노나라가 한 번 변하게 되면 도道에 이르게 될 것이다."

子曰 齊一變 至於魯, 魯一變 至於道.
자왈 제일변 지어노 노일변 지어도

해설 제齊나라는 태공太公이 세운 나라로서 공리를 앞세워 패자霸者를 지향했고, 노魯나라는 주공周公이 세운 나라로서 인후仁厚로써 교화하여 왕도를 지향했다. 공자孔子는 주공의 도道를 조술祖述하였으며, 노나라에는 주초周初의 문화적 전통이 아직도 남아 있었기 때

문에 노나라에 대해서는 강한 희망을 갖고 있었다.

23. 공자孔子께서 말씀하셨다.
"고觚에 모가 없다면 이것을 어찌 고觚라고 하겠는가, 어찌 고라고 하겠는가?"

子曰 觚不觚 觚哉 觚哉?
자 왈 고 불 고 고 재 고 재

해설 고觚는 술을 담는 그릇, 또는 글자를 쓰는 목간木簡이라고도 하는데, 원래 모서리가 나 있었기 때문에 고觚라는 이름이 붙었던 것이다. 그런데 모가 나 있지 않은 그릇을 모가 난 그릇이라 하면 실물과 명칭이 부합되지 않는다. 임금과 신하가 각기 그 도道를 잃어버림으로써 명분이 쇠퇴해버린 것을 한탄한 말이다.

24. 재아宰我가 물었다.
"인仁한 사람은 그에게 '우물 속에 인仁이 있다'고 하면 그 말을 좇아 우물로 들어갑니까?"
공자孔子께서 말씀하셨다.
"어찌 그렇게 하겠느냐? 군자는 우물 있는 데까지 가기는 할 것이나 그 속에 빠지지는 않을 것이므로, 그를 속일 수는 있으나 사리를 분간치 못하게 할 수는 없다."

宰我問曰 仁者 雖告之曰 井有仁焉 其從之也? 子曰 何爲其
재아문왈 인자 수고지왈 정유인언 기종지야 자왈 하위기
然也? 君子可逝也 不可陷也, 可欺也 不可罔也.
연야 군자가서야 불가함야 가기야 불가망야

25. 공자孔子께서 말씀하셨다.

"군자는 글을 널리 배우고 예禮로써 단속한다면, 역시 도道에 어긋나지 않을 것이다."

子曰 君子博學於文 約之以禮 亦可以弗畔矣夫.
자왈 군자박학어문 약지이례 역가이불반의부

26. 공자孔子께서 남자南子를[1] 만나보시자, 자로子路가 좋아하지 않았다. 이에 공자께서 맹세하시며 말씀하셨다.

"내게 그릇된 점이 있다면 하늘이 버릴 것이다. 하늘이 버릴 것이다!"

子見南子 子路不說 夫子矢之曰 予所否者 天厭之 天厭之!
자견남자 자로부열 부자시지왈 여소부자 천염지 천염지

주 1 南子 : 위衛나라 영공靈公의 부인夫人. 음란한 여인이었으므로 우직한 자로子路는 그녀를 만난 것을 언짢게 여긴 것이다.

27. 공자孔子께서 말씀하셨다.

"중용中庸이 덕德을 이루어냄은 지극하다! 그런데 이것을 지니고 있는 사람들이 드물게 된 지 오래되었구나."

> 子曰 中庸之爲德也 其至矣乎. 民鮮久矣.
> 자왈 중용지위덕야 기지의호 민선구의

28. 자공子貢이 물었다.

"만약에 백성들에게 널리 은혜를 베풀어주고 많은 사람들을 구제해줄 수 있는 사람이 있다면 어떻습니까? 인仁하다고 할 수 있습니까?"

공자孔子께서 말씀하셨다.

"어찌 인함에 그치겠느냐? 틀림없이 성인聖人일 것이다. 요순堯舜임금조차도 그렇게 하지 못함을 괴로워했던 것이다. 대체로 인한 사람은 자기가 서고자 하면 남을 서게 하고, 자기가 성취하고자 하면 남도 성취하게 한다. 가까이 자기에게서 미루어 남을 이해하는 것이[1] 바로 인을 행하는 방법이라 할 수 있다."

> 子公曰 如有博施於民 而能濟衆 何如? 可謂仁乎? 子曰 何事
> 자공왈 여유박시어민 이능제중 하여 가위인호 자왈 하사
> 於仁? 必也聖乎! 堯舜 其猶病諸. 夫仁者 己欲立而立人 己欲達
> 어인 필야성호 요순 기유병저 부인자 기욕립이립인 기욕달
> 而達人. 能近取譬 可謂仁之方也已.
> 이달인 능근취비 가위인지방야이

주 1 近取譬 : 남의 일을 자기의 일로 비겨보다. 자기보다도 남의 입장을 먼저 생각하는 것.

제7편

술述이而

1. 공자孔子께서 말씀하셨다.
 "옛것을 배워 전술傳述하되 창작하지는 않으며, 옛것을 믿고 좋아하니, 속으로 나를 노팽老彭[1]에게 견주어본다."

子曰 述而不作 信而好古 竊比於我老彭.
자왈 술이부작 신이호고 절비어아노팽

주 1 老彭 : 은殷나라의 현대부賢大夫. 대대례大戴禮에는 믿을 만한 옛일을 많이 전술한 사람이라 하였다. 일설一說에는 노담老聃(노자老子)과 팽조彭祖를 말한다고도 한다.

2. 공자孔子께서 말씀하셨다.
 "묵묵히 새겨두고[1] 배움에 싫증 내지 않으며, 남을 가르치기에 게을리하지 않고 있으니,[2] 나에게 무슨 문제가 있겠는가?"

子曰 黙而識之 學而不厭 誨人不倦 何有於我哉?
자왈 묵이지지 학이불염 회인불권 하유어아재

주 1 黙而識之 : '묵지黙識'·'묵험黙驗'이니, 본질 직관적 인식을 말한다. 2 學而不厭… : '학學'이 '수기修己'라면 '회誨'는 '치인治人'에 해당된다 하겠다.

3. 공자孔子께서 말씀하셨다.

"덕德이 닦아지지 않는 것과 학문이 익혀지지 않는 것과 의義를 듣고도 그리로 옮아가지 못하는 것과 선善하지 못한 것을 고치지 못하는 것이 바로 나의 걱정이다."

子曰 德之不修 學之不講 聞義不能徙 不善不能改 是吾憂也.
자왈 덕지불수 학지불강 문의불능사 불선불능개 시오우야

4. 공자孔子께서 집에서 한가하게 계실 적에는 평온하고 화락한 듯하셨다.

子之燕居 申申如也 夭夭如也.
자지연거 신신여야 요요여야

5. 공자孔子께서 말씀하셨다.

"내가 몹시도 쇠약해졌구나! 내가 꿈에 주공周公[1]을 뵈옵지 못한 지도 오래되었구나![2]"

子曰 甚矣吾衰也! 久矣吾不復夢見周公.
자왈 심의오쇠야 구의오불부몽견주공

주 1 周公 : 주周나라 문왕文王의 아들, 무왕武王의 동생. 이름은 단旦. 성왕成王을 도와 주대周代의 제도를 확립했다. 2 不復夢見周公 : 공자孔子가 평소에 주공周公을 이상적인 인물로 사모하고 있었음을 알 수가 있다.

6. 공자孔子께서 말씀하셨다.

"도道에 뜻을 두고, 덕德을 지키고, 인仁에 의지하고, 예藝[1]에 노닐어야 한다."

子曰 志於道 據於德 依於仁 遊於藝.
자왈 지어도 거어덕 의어인 유어예

주 1 藝 : 교양. 예禮·악樂·사射·어御·서書·수數 등의 육례六藝를 말함.

7. 공자孔子께서 말씀하셨다.

"속수束脩[1]의 예물禮物 이상을 갖춘 사람이면 나는 일찍이 가르쳐 주지 않은 적이 없었다."

子曰 自行束脩以上 吾未嘗無誨焉.
자왈 자행속수이상 오미상무회언

주 1 束脩 : 포육의 묶음이 속수인데, 그것은 제자가 스승에게 드리는 최저의 예물이었다.

8. 공자孔子께서 말씀하셨다.

"알려고 애쓰지 않으면 가르쳐주지 않으며, 표현하지 못해 괴로워하지 않으면 일깨워주지 않는다. 한 모퉁이를 들어 보였을 때 나머지 세 모퉁이를 미루어 알지 못하면 나는 되풀이하지 않는다."

子曰 不憤不啓 不悱不發 擧一隅 不以三隅反 則不復也.
자왈 불분불계 불비불발 거일우 불이삼우반 즉불부야

9. 공자孔子께서 상喪을 당한 사람 곁에서 식사를 하실 때에는 배부르도록 잡수시지 않았다. 공자께서 조상弔喪하기 위해서 곡哭을 하신 날에는 노래를 부르지 않으셨다.

子食於有喪者之側 未嘗飽也. 子於是日哭 則不歌.
자식어유상자지측 미상포야 자어시일곡 즉불가

10. 공자孔子께서 안연顔淵에게 말씀하셨다.
"등용해주면 나가고, 버림을 받으면 들어앉는다는 것은 오직 나와 너만이 할 수 있을 게다."
자로子路가 말했다.
"선생님께서 삼군三軍을 통솔하신다면 누구와 함께하시겠습니까?"
공자께서 말씀하셨다.
"맨손으로 범한테 달려들고 맨몸으로 강을 건너면서 죽어도 뉘우침이 없는 사람과는 나는 함께하지 않을 것이다. 나는 반드시 어려운 일에 임해서 두려워하고 미리 계획해서 이루어내는 사람과 함께할 것이다."

子謂顔淵曰 用之則行 舍之則藏 惟我與爾有是夫. 子路曰 子
자위안연왈 용지즉행 사지즉장 유아여이유시부 자로왈 자

行三軍 則誰與? 子曰 暴虎憑河 死而無悔者 吾不與也. 必也
행삼군 즉수여 자왈 포호빙하 사이무회자 오불여야 필야

臨事而懼 好謀而成者也.
임사이구 호모이성자야

11. 공자孔子께서 말씀하셨다.

"부富가 추구할 만한 것이라면 비록 채찍을 잡는 사람 노릇이라도 나는 할 것이지만, 만약 추구해서는 안 될 것이라면 내가 좋아하는 것을 따르겠다."

子曰 富而可求也 雖執鞭之士 吾亦爲之. 如不可求 從吾所好.
자왈 부이가구야 수집편지사 오역위지 여불가구 종오소호

해설 추구할 것이 못 되는 부富를 구하기보다는 차라리 내가 좋아하는 인도仁道를 추구하겠다는 것이다.

12. 공자孔子께서 조심하시는 일은 재계齋戒[1]와 전쟁과 질병이었다.

子之所愼 齋戰疾.
자지소신 제전질

주 1 齋戒: 제사에 앞서 신명神明을 받들기 위한 준비로 마음을 가다듬는 일. 옛날에는 산재칠일散齋七日, 치재삼일致齋三日을 지켰다.

13. 공자孔子께서 제齊나라에 계실 적에 소악韶樂을 들으시고 석 달 동안 고기맛을 모르고¹ 식사하셨다. 그리고 말씀하시기를 "음악이 이런 경지에 이르리라고는 생각하지 못했다"라고 하셨다.

子在齊聞韶 三月不知肉味, 曰 不圖爲樂之至於斯也.
자 재 제 문 소 삼 월 부 지 육 미   왈 부 도 위 악 지 지 어 사 야

주 1 聞韶 三月… : 소악韶樂이 화선화미畵善畵美함에 감탄해서 고기를 먹되 그 맛을 모를 지경이었다는 뜻이다.

14. 염유冉由가 물었다.
"선생님께서는 위衛나라의 임금¹을 도와주실까요?"
자공子貢이 대답했다.
"그래요, 내가 여쭈어보지요" 하고는 들어가서 여쭈어보았다.
"백이伯夷와 숙제叔齊²는 어떤 사람입니까?"
공자께서 말씀하셨다.
"옛날의 현인賢人이다."
자공이 말했다.
"그들은 원망했을까요?"
공자께서 말씀하셨다.
"인仁을 추구해서 인을 얻었는데³ 또 무엇을 원망하겠느냐?"
자공이 나와서 말했다.
"선생님께서는 위衛나라의 임금을 도우시지 않으실 거요."

冉由曰 夫子爲衛君乎? 子貢曰 諾 吾將問之. 入曰 伯夷叔齊
염유왈 부자위위군호 자공왈 낙 오장문지 입왈 백이숙제
何人也? 曰 古之賢人也. 曰 怨乎? 曰 求仁而得仁 又何怨? 出
하인야   왈 고지현인야   왈 원호   왈 구인이득인 우하원   출
曰 夫子不爲也.
왈 부자불위야

주 1 衛君: 위衛나라의 출공出公 첩輒. 영공靈公의 부인夫人 남자南子는 음란하여 공자公子 괴외蒯聵가 그녀를 죽이려 하다가 뜻을 이루지 못하고 국외로 망명했다. 영공靈公이 죽자 손자인 첩輒이 임금이 되었으나, 그 아버지인 괴외가 입국하려 할 때, 이를 거부하여 부자상극父子相克의 싸움을 벌였다. 염유冉有와 자로子路 등이 출공出公 첩輒에게 벼슬하고 있었고, 때마침 공자孔子가 위衛나라에 오셨기 때문에 첩을 도와줄 것인가를 물어본 것이다. 사직社稷과 인륜人倫 가운데 어느 쪽을 중시할 것인가의 문제였다. 2 伯夷·叔齊: 백이伯夷는 그 아버지 고죽군孤竹君의 유지遺志를 받들어 아우인 숙제叔齊에게 양위讓位하고 망명했고, 숙제叔齊는 형제의 윤서倫序를 중시하여 그 형인 백이伯夷에게 양위讓位하고 망명하자, 나랏 사람들은 부득이 그 차남次男을 즉위케 했다(공야장公冶長 제22장 참조). 3 求仁: 인륜人倫을 중요시한 것이지 위나라의 첩과 같이 왕위를 소중히 여기는 태도가 아니었다.

15. 공자孔子께서 말씀하셨다.

"거친 밥을 먹고 물을 마시고 팔베개를 하고 살아도 즐거움은 또한 그 가운데 있는 것이다. 의롭지 않은 부富와 귀貴는 나에게는 뜬구름과 같은 것이다."

子曰 飯疏食飮水 曲肱而枕之 樂亦在其中矣. 不義而富且貴
자왈 반소사음수 곡굉이침지 낙역재기중의   불의이부차귀

於我如浮雲.
어 아 여 부 운

16. 공자孔子께서 말씀하셨다.

"나에게 몇 년만 여유를 더 주어 50세까지 역易¹을 배울 수 있게 된다면, 큰 허물이 없게 될 것이다."

子曰 加我數年 五十以學易 可以無大過矣.
자왈 가아수년 오십이학역 가이무대과의

주 1 易 : 《역경易經》 또는 《주역周易》. 성명性命의 이理에 대해서 말한 유교의 경전. 공자孔子는 만년晩年에 역의 연구에 열중했다고 한다.

17. 공자孔子께서 늘 말씀하신¹ 것은 《시경詩經》·《서경書經》과 예禮를 지키는 것에 관한 것으로서, 이것들을 늘 말씀하셨다.

子所雅言 詩書執禮 皆雅言也.
자소아언 시서집례 개아언야

주 1 雅言 : 아雅는 상常과 통하여, "평소에 항상 말씀하시다"(《집주集註》)로 풀이하기도 하고, 공안국孔安國은, 아雅는 정正의 뜻이라 보고 "바른 독음으로 말씀하셨다"(《주소注疏》)로 풀이하였다.

18. 섭공葉公¹이 공자孔子에 대해서 자로子路에게 물었으나, 자로는 대답하지 않았다.

공자께서 말씀하셨다.

"너는 왜 이렇게 말하지 않았는가? '그 사람됨은 학문에 분발하면 밥 먹는 것도 잊고, 그것을 즐거워하여 근심도 잊고, 늙어가는 것조차 알지 못한다'라고."

葉公問孔子於子路 子路不對. 子曰 女奚不曰 其爲人也 發憤
섭공문공자어자로 자로부대 자왈 여해불왈 기위인야 발분
忘食 樂以忘憂 不知老之將至云爾.
망식 낙이망우 부지로지장지운이

주 1 葉公 : 초楚나라 섭현葉縣의 현윤縣尹이었던 침저량沈諸梁. 자字는 자고子高, 공公은 참칭僭稱이다.

19. 공자孔子께서 말씀하셨다.

"나는 날 때부터 알고 있는 사람¹이 아니고, 옛것을 좋아하여 부지런히 그것을 탐구하는 사람이다."

子曰 我非生而知之者 好古敏以求之者也.
자왈 아비생이지지자 호고민이구지자야

주 1 生而知之者 : 후천적으로 배우지 아니해도 알 수 있는 최고의 이상적인 인간, 즉 성인聖人을 뜻함.

20. 공자孔子께서 괴이한 일, 힘쓰는 일, 어지러운 일, 귀신에 관한 일에 대해서는 말씀하시지 않으셨다.

子不語怪力亂神.
자 불 어 괴 력 란 신

21. 공자孔子께서 말씀하셨다.
"세 사람이 길을 걸어가면 그중에는 반드시 나의 스승이 있다. 그들에게서 좋은 점을 찾아서 따르고, 그들의 좋지 않은 점을 찾아내어 내 잘못을 고쳐야 할 것이다."

子曰 三人行 必有我師焉. 擇其善者而從之 其不善者而改之.
자 왈 삼 인 행 필 유 아 사 언 택 기 선 자 이 종 지 기 불 선 자 이 개 지

22. 공자孔子께서 말씀하셨다.
"하늘이 나에게 덕德을 주었는데[1] 환퇴桓魋가 나를 어찌하겠는가?[2]"

子曰 天生德於予 桓魋其如予何?
자 왈 천 생 덕 어 여 환 퇴 기 여 여 하

주 1 天生德於予 : 인간의 성性이 본질적으로 선善하고, 인간은 가치를 내재적으로 담지擔持한 존재임을 자각 시사하고 있다. 2 桓魋… : 송宋나라 군대의 지휘관인 사마司馬 향퇴向魋. 환고桓公의 후예였으므로 환씨桓氏로 불렀다.

124

공자孔子가 송宋나라에 갔을 때 환퇴桓魋가 죽이려 함에 제자들이 "빨리 가셔야 합니다"라고 하자, '하늘이 나에게 덕을 주셨는데 환퇴가 나를 어찌하겠는가'라고 말했다. 이 말에는 공자孔子 자신의 천부天賦의 사명에 대한 자각이 표명되어 있다.

23. 공자孔子께서 말씀하셨다.
"너희들은 내가 감추는 게 있다고 생각하는가?¹ 나는 감추고 있는 것이라곤 없다. 나는 무엇을 행하든 너희들과 함께 하지 않는 것이라고는 없다. 이것이 곧 나다."

子曰 二三子以我爲隱乎? 吾無隱乎爾. 吾無行而不與二三子者.
자 왈 이 삼 자 이 아 위 은 호   오 무 은 호 이   오 무 행 이 불 여 이 삼 자 자
是丘也.
시 구 야

주 1 以我爲隱乎 : 공자孔子의 교육은 '행동行動'을 통한 것이었지 '언어言語'에 의존한 것은 아니었고, 또 주입적인 것이 아니라 계발적인 것이었으므로, 제자들은 이를 이해하지 못했던 것이다.

24. 공자孔子께서 네 가지를 가르치셨으니, 그것은 글과 행실과 성실과 신의였다.

子以四教 文行忠信.
자 이 사 교   문 행 충 신

해설 글은 육경六經의 글, '행실'은 실천궁행, '성실誠實'의 원문은 '충忠', '신의信義'의 원문은 '신信'이다. '충忠'은 대자적對自的 성실성이고, '신信'은 대타적對他的 성실성이다.

25. 공자孔子께서 말씀하셨다.

"내가 성인聖人을 볼 수가 없으니, 군자君子라도 볼 수 있다면 괜찮겠다."

공자께서 말씀하셨다.

"선善한 사람을 볼 수가 없으니, 한결같은 마음을 지닌 사람이라도 볼 수 있다면 괜찮겠다. 없으면서도 있는 체하고, 비어 있으면서도 가득 찬 체하고, 궁하면서도 넉넉한 체하고 있으니, 한결같은 마음을 지니기도 어렵다."

子曰 聖人吾不得而見之矣, 得見君子者 斯可矣. 子曰 善人吾不得而見之矣, 得見有恒者 斯可矣. 亡而爲有 虛而爲盈 約而爲泰 難乎有恒矣.

26. 공자孔子께서는 낚시질은 하셨으나 주낙¹으로는 고기를 잡지 않으셨고, 주살을 쓰기는 하셨으나 잠자는 새를 잡지는 않으셨다.

子釣而不綱 弋不射宿.

주 1 以我爲隱乎 : 공자孔子의 교육은 '행동行動'을 통한 것이었지 '언어言語'에 의존한 것은 아니었고,

27. 공자孔子께서 말씀하셨다.

"대개는 알지도 못하면서 창작을 하는 사람이 있으나, 나는 그런 일은 없었다. 많이 듣고 그중에 좋은 것을 골라서 따르고, 많이 보고서 그것을 기억해두는 것은 아는 것의 다음은 간다."

子曰 蓋有不知而作之者 我無是也. 多聞 擇其善者而從之 多
자왈 개유부지이작지자 아무시야   다문택기선자이종지 다
見而識之 知之次也.
견이지지 지지차야

28. 호향互鄕¹의 사람들과는 함께 이야기하기가 어려웠는데, 그곳에 사는 아이가 공자를 찾아뵙자 제자들이 당혹스러워했다. 이에 공자孔子께서 말씀하셨다.

"그가 배우려고 나오면 받아주고, 그가 물러가 나쁜 짓을 하면 받아주지 않으면 된다. 그래, 어찌하여 심하게 대해야 하겠느냐? 사람이 자기를 깨끗이 하고 나오면 그 깨끗함을 받아주는 것이지, 그 사람의 과거가 옳았다고 보증하는 것은 아니다."

互鄉難與言 童子見 門人或. 子曰 與其進也 不與其退也. 唯
호 향 난 여 언 동 자 현 문 인 혹 자 왈 여 기 진 야 불 여 기 퇴 야   유
何甚? 人潔己以進 與其潔也 不保其往也.
하 심   인 결 기 이 진 여 기 결 야 불 보 기 왕 야

주 1 互鄉 : 어느 지방의 이름. 아마도 인정 풍속이 좋지 않았던 곳 같다.

해설 이 장章은 학자에 따라 해석이 모두 다르다. 어떻든 좋지 못한 사람이라도 배우겠다고 찾아오면 일단은 그를 받아들이는 공자의 교육자적 자세를 엿볼 수 있다.

29. 공자孔子께서 말씀하셨다.

"인仁[1]이 멀리 있겠는가? 내가 인하게 되고자 한다면 인함은 곧 다가온다."

子曰 仁乎遠哉? 我欲仁 斯仁至矣.
자 왈 인 호 원 재   아 욕 인 사 인 지 의

주 1 仁 : 인仁은 인간성의 본질이요, 내 마음의 덕德이다.

30. 진陳나라의 사패司敗[1]가 물었다.

"소공昭公[2]은 예禮를 알고 있습니까?"

공자孔子께서 대답하셨다.

"예를 압니다."

128

공자께서 물러가시자, 사패司敗가 무마기巫馬期³에게 인사하고 가까이 가서 말했다.

"내가 듣기에는 군자는 편당적偏黨的으로 하지 않는다고 했는데, 군자도 편당적으로 합니까? 노나라 임금님은 오吳나라에서 아내를 맞이해오고 그녀가 동성同姓이기 때문에 오맹자吳孟子⁴라고 했습니다. 그런 임금이 예를 안다면 누가 예를 알지 못하겠습니까?"

무마기巫馬期가 이 말을 아뢰자, 공자孔子께서 말씀하셨다.

"나는 다행스럽다. 조금만 잘못이 있어도 남이 반드시 알고 있으니."

陳司敗問 昭公知禮乎? 孔子曰 知禮. 孔子退 揖巫馬期而進
진 사 패 문 소 공 지 례 호   공 자 왈 지 례   공 자 퇴 읍 무 마 기 이 진
之 曰 吾聞君子不黨 君子亦黨乎? 君取於吳 爲同姓 謂之吳
지 왈 오 문 군 자 부 당 군 자 역 당 호   군 취 어 오 위 동 성 위 지 오
孟子. 君而知禮 孰不知禮? 巫馬期以告 子曰 丘也幸! 苟有過
맹 자   군 이 지 례 숙 부 지 례   무 마 기 이 고 자 왈 구 야 행   구 유 과
人必知之.
인 필 지 지

주 1 司敗 : 관명官名으로 사구司寇와 같은 것이다. 2 昭公 : 노魯나라 선대先代의 임금, 예禮에 밝았다 한다. 3 巫馬期 : 공자孔子의 문인. 무마巫馬는 성, 기期는 이름. 4 吳孟子 : 소공昭公은 노나라와 같이 희姬를 성으로 하는 오吳나라에서 아내를 맞이하였으나, 동성불혼同姓不婚의 예에 어긋나므로 오희吳姬라 부르기를 꺼려서 맹자孟子라고 불렀다. 그것은 '맹孟'은 장녀長女, '자子'는 여자女子의 경칭敬稱이기 때문이었다.

31. 공자孔子께서는 남이 노래하는 자리에 계시다가 잘 부르면 반드시 다시 한 번 부르게 한 뒤에 같이 부르셨다.

子與人歌而善 必使反之 而後和之.
자여인가이선 필사반지 이후화지

32. 공자孔子께서 말씀하셨다.
"학문에¹ 있어서는 나도 남과 같을 수 있겠지만, 군자의 도를 실천함에 있어서는 나는 아직 멀었다."

子曰 文莫吾猶人也 躬行君子 則吾未之有得.
자왈 문막오유인야 궁행군자 즉오미지유득

주 1 文莫 : '근면함에'라고 풀이하기도 한다. 원문原文 '문막文莫'을 '문막忞莫'으로 읽어서 '면강노력勉强努力'을 뜻한다는 것이다.

33. 공자孔子께서 말씀하셨다.
"성인聖人과 인인仁人이라고 내가 어찌 감히 할 수 있겠느냐? 그러나 성인과 인인의 도道를 행行하는 것을 싫어하지 않고, 남을 가르치는 것을 게을리하지 않았다고 말할 수는 있을 것이다."
공서화公西華는 말했다.
"바로 그러한 점이 저희들은 배울 수가 없습니다."

子曰 若聖與仁 則吾豈敢? 抑爲之不厭 誨人不倦 則可謂云爾
자왈 약성여인 즉오기감 억위지불염 회인불권 즉가위운이
已矣. 公西華曰 正唯弟子 不能學也.
이의 공서화왈 정유제자 불능학야

34. 공자孔子께서 병이 나셨을 때 자로子路가 기도를 드리고자 청하자, 공자께서 말씀하셨다.

"그런 전례前例가 있었느냐?"

자로가 대답했다.

"있었습니다. 기도문[1]에 '그대를 위하여 하늘과 땅의 신神에게 비나이다'[2]라고 했습니다."

공자께서 말씀하셨다.

"내가 그런 기도를 드려온 지는 오래되었다.[3]"

子疾病 子路請禱. 子曰 有諸? 子路對曰 有之. 誄曰 禱爾于上
자질병 자로청도 자왈 유저 자로대왈 유지 뢰왈 도이우상
下神祇. 子曰 丘之禱久矣.
하신기 자왈 구지도구의

주 1 誄 : 죽은 이의 공적을 찬양함으로써 그 명복을 비는 기도문. 2 禱爾于上下神祇 : 생전에 선행이 있었기 때문에 거기에 의해서 사후의 명복을 비는 것이지 덮어놓고 신神에게 바라는 것이 아니다. 3 丘之禱久矣 : 나는 천지 신의 뜻에 맞게 살아왔으므로 구태여 새삼스럽게 그런 기도를 드릴 필요가 없다는 뜻이다.

35. 공자孔子께서 말씀하셨다.
"사치를 하게 되면 불손해지고, 검약하게 되면 고루해지는데, 불손하기보다는 차라리 고루한 것이 낫다."

子曰 奢則不孫 儉則固 與其不孫也 寧固.
자 왈 사 즉 불 손 검 즉 고 여 기 불 손 야 녕 고

36. 공자孔子께서 말씀하셨다.
"군자는 마음이 평탄하고 너그러우며, 소인은 늘 근심에 차 있다."

子曰 君子坦蕩蕩 小人長戚戚.
자 왈 군 자 탄 탕 탕 소 인 장 척 척

37. 공자孔子께서는 온화溫和하시면서 엄숙하시고, 위엄이 있으시면서 사납지 않으시고, 공손하시면서도 편안하셨다.

子溫而厲 威而不猛 恭而安.
자 온 이 려 위 이 불 맹 공 이 안

제8편

태泰백伯

1. 공자孔子께서 말씀하셨다.

"태백泰伯[1]은 지극한 덕德을 지녔던 사람이라 할 수 있다. 세 번이나 천하天下를 양보하였으나 백성들은 그의 덕을 칭송할 수조차 없었다.[2]"

子曰 泰伯 其可謂至德也已矣. 三以天下讓 民無得而稱焉.
자왈 태백 기가위지덕야이의 삼이천하양 민무득이칭언

주 1 泰伯 : 주周나라의 조상인 대왕大王의 장남. 태백泰伯은 말제末弟인 계력季歷(왕계王季)의 아들 창昌(문왕文王)이 뛰어난 인물이었으므로 그가 천하를 차지하게 될 것이라고 생각하여 왕위를 계력季歷에게 양보했다. 나중에 주周나라는 은殷나라를 정벌해서 천하를 차지했으므로 천하를 사양한 것이 된다.
2 民無得而稱焉 : 은밀한 가운데 사양했기 때문에 칭찬받을 기연機緣조차 일부러 없앤 것이라 할 수가 있으므로 그의 덕德은 지극한 것이다.

2. 공자孔子께서 말씀하셨다.

"공손하면서도 예禮가 없으면 수고롭기만 하고, 신중하면서도 예가 없으면 두려워하게 되고, 용감하면서도 예가 없으면 난폭하게 되고, 곧으면서도 예가 없으면 박절하게 된다.

군자가 친척에게 후하게 해주면 백성들에게서 인仁한 기풍이 일어나게 되고, 옛 친구를 버리지 않으면 백성들이 각박해지지 않는다."

子曰 恭而無禮則勞 愼而無禮則葸 勇而無禮則亂 直而無禮
자왈 공이무례즉로 신이무례즉사 용이무례즉란 직이무례
則絞. 君子篤於親 則民興於仁 故舊不遺 則民不偸.
즉교 군자독어친 즉민흥어인 고구불유 즉민불투

해설 인간의 자연성은 비록 선善한 것이라 할지라도 그대로 방치해두면 조야粗野해지고 혼돈混沌됨으로 반드시 문화재文化財(도야재陶冶財)에 의해서 도야陶冶(교양敎養)되지 않으면 인간성은 완성될 수 없다는 사상이 나타나 있다. '예禮'란 곧 '천리天理의 절문節文'으로서 자연성을 인위적으로 교양敎養(가공加工)한 문화재 또는 도야재이다.

3. 증자曾子가 병이 나자 제자들을 불러놓고 말했다.
"내 발을 펴보고, 내 손을 펴보아라.¹ 《시경詩經》에서는 말하기를, '두려워하고 조심하는 것이 깊은 물가에 서 있는 것과 같고 얇은 얼음을 밟는 것과도 같다'²라고 했는데, 이제는 내가 그러한 걱정을 면하게 되었음을 알겠구나. 애들아!"

曾子有疾 召門弟子曰 啓予足 啓予手! 詩云 戰戰兢兢 如臨
증자유질 소문제자왈 계여족 계여수 시운 전전긍긍 여림
深淵 如履薄氷 而今而後 吾知免夫. 小子!
심연 여리박빙 이금이후 오지면부 소자

주 1 啓予足… : 수족手足이 조금도 손상된 바 없이 보전된 것을 문인門人들에게 보여주면서 깨우쳐주었다. 《효경孝經》에서는 "신체발부身體髮膚는 부모한테서 받았으니 감히 훼손하지 않는 것이 효도의 시초이다"라고 말하고 있다. 2 戰戰兢兢 : 《시경詩經》 소아小雅 소민편小旻篇의 구절.

4. 증자曾子가 병이 나서 맹경자孟敬子[1]가 문병을 갔는데, 증자가 말했다.

"새가 죽을 때는 그 우는 소리가 애처롭고, 사람이 죽을 때는 그가 하는 말이 선하다오. 군자가 소중히 여겨야 할 예禮[2]에는 세 가지가 있는데, 몸가짐에 있어서는 난폭하거나 오만함이 없어야 하고, 안색을 바르게 하여 신의 있음을 보여주어야 하고, 말을 입 밖에 내는 데는 비루하고 사리에 어긋나는 일이 없어야 하오. 제기祭器를 다루는 일 같은 것은 그것을 맡아보는 사람이 있으니까요.[3]"

曾子有疾 孟敬子問之. 曾子言曰 鳥之將死 其鳴也哀矣, 人之
증자유질 맹경자문지 증자언왈 조지장사 기명야애의 인지
將死 其言也善. 君子所貴乎道者三 動容貌 斯遠暴慢矣, 正顔
장사 기언야선 군자소귀호도자삼 동용모 사원포만의 정안
色 斯近信矣 出辭氣 斯遠鄙倍矣. 籩豆之事則有司存.
색 사근신의 출사기 사원비배의 변두지사즉유사존

주 1 孟敬子 : 노魯나라의 대부大夫 중손씨仲孫氏, 이름은 첩捷. 뒤에 맹손씨孟孫氏로 성을 바꾸었고, 시호가 경敬이어서 맹경자라 불렀다. 맹무백孟武伯의 아들. 2 禮 : 원문의 '도道'를 '예禮'로 풀이한다. 3 籩豆之事… : 제기를 다루는 사소한 일은 그것을 맡은 관원이 알아서 할 일이지 군자의 예는 아니다.

5. 증자曾子가 말했다.

"유능하면서도 무능한 사람에게 물어보고, 학식이 많으면서 학식이 적은 사람에게 물어보고, 지식과 능력이 있으면서도 없는 것같이 하며, 충실하면서도 텅 비어 있는 것같이 하며, 남이 나에게 해를 끼쳐도 따지지 않는다. 지난날 내 친구(안회顏回)가 이를 실천하였다."

曾子曰 以能問於不能 以多問於寡 有若無 實若虛 犯而不校
증자왈 이능문어불능 이다문어과 유약무 실약허 범이불교
昔者吾友 嘗從事於斯矣.
석자오우 상종사어사 의

6. 증자曾子가 말했다.
"어린 임금을 부탁할 수 있고, 백 리 사방 되는 나라의 운명을 맡길 수 있고, 나라의 큰 위기에 임하여 그의 뜻을 뺏을 수 없다면 군자다운 사람이겠지? 군자다운 사람일 거야!"

曾子曰 可以託六尺之孤 可以寄百里之命 臨大節而不可奪也
증자왈 가이탁육척지고 가이기백리지명 임대절이불가탈야
君子人與? 君子人也!
군자인여   군자인야

해설 성실하고, 재능이 있고, 절의가 있는 사람이라야 군자임을 말하고 있다.

7. 증자曾子가 말했다.
"선비는 도량이 넓고 의지가 굳지 않으면 안 될 것이, 임무는 무겁고 갈 길은 멀기 때문이다. 인仁을 이룩하는 것을 자기의 임무로 삼으니 또한 무겁지 않겠는가? 그 길은 죽은 뒤에라야 끝나게 되니 또한 멀지 않겠는가?"

曾子曰 士不可以不弘毅 任重而道遠. 仁以爲己任 不亦重乎?
증자왈 사불가이불홍의 임중이도원 인이위기임 불역중호
死而後已 不亦遠乎?
사이후이 불역원호

8. 공자孔子께서 말씀하셨다.
"시詩를 통해서 흥취를 갖게 되고, 예禮를 지킴으로써 행실이 바로 서고, 음악에 의해서 인간의 성정性情이 완성된다."

子曰 興於詩 立於禮 成於樂.
자왈 흥어시 입어례 성어악

해설 시詩는 인생의 희비애락을 정서적·율동적으로 표현해놓은 것이기 때문에 읽는 사람으로 하여금 쉽사리 감동과 감흥을 갖게 함으로써 인간의 순수한 마음을 흥겹게 한다. 예禮는 인간 행위의 사회적 규범이므로 이에 따라서 행동하게 되면 사회적·도덕적으로 자립해서 살아갈 수가 있다. 음악은 성정性情을 화평하게 해주고, 사악하고 더러운 마음을 없애주고, 고상한 정조를 함양해줌으로써 전인격을 완성케 해준다.

9. 공자孔子께서 말씀하셨다.

"백성은 법도에 따르도록 할 수는 있으나, 그 이치를 다 알게 할 수는 없다."

子曰 民可使由之 不可使知之.
자왈 민가사유지 불가사지지

10. 공자孔子께서 말씀하셨다.

"용감한 것을 좋아하고 가난을 싫어하면 난동을 일으키게 되고, 남이 인仁하지 않은 것을 지나치게 미워해도 난동을 일으키게 된다."

子曰 好勇疾貧 亂也, 人而不仁 疾之已甚 亂也.
자왈 호용질빈 난야 인이불인 질지이심 난야

11. 공자孔子께서 말씀하셨다.

"만약 주공周公에 못지않은 뛰어난 재능을 가졌다 하더라도 교만하고 인색하다면 그 나머지는 볼 것이 없다."

子曰 如有周公之才之美 使驕且吝 其餘不足觀也已.
자왈 여유주공지재지미 사교차린 기여부족관야이

12. 공자孔子께서 말씀하셨다.

"삼 년 동안 공부를 하고도 봉록俸祿¹을 바라지 않기란 찾아보기가 쉽지 않다."

子曰 三年學 不至於穀 不易得也.
자 왈 삼 년 학 부 지 어 곡 불 이 득 야

주 1 穀 : 봉록俸祿. 벼슬살이하여 받는 급료.

13. 공자孔子께서 말씀하셨다.

"확고한 믿음을 가지고 학문을 좋아하고, 죽는 한이 있더라도 바른 도道를 지켜야 한다. 위태로운 나라에는 가지 말고 혼란한 나라에는 살지 마라. 천하天下에 도가 행해지고 있으면 모습을 드러내고 도가 행해지지 않으면 숨어라. 나라에 도가 행해지고 있는데도 가난하고 미천하게 사는 것은 부끄러운 일이며, 나라에 도가 행해지고 있지 않은데도 부富하고 귀貴하다면 역시 부끄러운 일이다."

子曰 篤信好學 守死善道. 危邦不入 亂邦不居. 天下有道則見
자 왈 독 신 호 학 수 사 선 도 위 방 불 입 난 방 불 거 천 하 유 도 즉 현
無道則隱. 邦有道 貧且賤焉 恥也. 邦無道 富且貴焉 恥也.
무 도 즉 은 방 유 도 빈 차 천 언 치 야 방 무 도 부 차 귀 언 치 야

14. 공자孔子께서 말씀하셨다.

"그 지위에 있지 않으면 그 정사政事를 거론하지 마라."

子曰 不在其位 不謀其政.
자 왈 부 재 기 위 불 모 기 정

15. 공자孔子께서 말씀하셨다.

"태사太師¹인 지摯²가 처음에 연주한 관저關雎³의 종장은 그 음악 소리가 성대하여 귀에 가득 차 있는 듯하다."

子曰 師摯之始 關雎之亂 洋洋乎盈耳哉.
자 왈 사 지 지 시 관 저 지 란 양 양 호 영 이 재

주 1 太師 : 음악을 맡은 악사장樂師長 2 摯 : 노魯나라의 유명한 음악가. 노나라의 대부大夫인 계환자季桓子가 제齊나라의 여악女樂을 받아들여 정치를 게을리하게 되자 분연히 노나라를 떠나서 제나라로 갔다. 3 關雎 :《시경詩經》의 맨 첫 번째에 나오는 노래. 여기서는 그 악곡. 혹은 '태사太師인 지摯의 노래의 시초와 관저關雎의 악곡의 끝'이라고 풀이하기도 한다.

16. 공자孔子께서 말씀하셨다.

"과격하면서도 곧지 않고, 무지하면서도 착실하지 않고, 무능하면서도 신의가 없다면, 그런 사람을 나는 이해할 수 없다."

子曰 狂而不直 侗而不愿 悾悾而不信 吾不知之矣.
자왈 광이부직 동이불원 공공이불신 오부지지의

17. 공자孔子께서 말씀하셨다.

"배우는 데는 늘 미치지 못한 것같이 하고, 또한 그것을 잃어버릴까 두려워해야 한다."

子曰 學如不及 猶恐失之.
자왈 학여불급 유공실지

18. 공자孔子께서 말씀하셨다.

"위대하도다! 순舜임금과 우禹임금이 천하를 차지하고도 정사에 직접 관여하지 않으셨다.[1]"

子曰 巍巍乎! 舜禹之有天下也 而不與焉.
자왈 외외호 순우지유천하야 이불여언

주 1 不與焉 : 모든 정사를 현명한 사람에게 맡겼고 정사에는 직접 관여하지 않았다는 뜻이다. '스스로 천자天子의 지위에 있는 것을 잊고 계셨다', 또는 '천자의 지위를 자연히 물려받은 것이지 스스로 바란 것이 아니다'라고 풀이하는 사람도 있다.

19. 공자孔子께서 말씀하셨다.

"대단하도다, 요堯의 임금 됨이여! 위대하도다, 오직 하늘만이 크다고 하였는데, 요임금은 그것을 본받으셨다. 끝없이 넓어서 백성들은 그것을 무엇이라 말하지 못한다. 위대하도다, 그가 이룩한 공적이여! 빛나도다, 그가 남긴 문물제도여!"

子曰 大哉 堯之爲君也! 巍巍乎 唯天爲大 唯堯則之 蕩蕩乎 民
자왈 대재 요지위군야 외외호 유천위대 유요즉지 탕탕호 민
無能名焉. 巍巍乎 其有成功也. 煥乎 其有文章.
무 능 명 언   외 외 호 기 유 성 공 야   환 호 기 유 문 장

20. 순舜임금은 신하 다섯 사람[1]이 있어서 천하를 다스릴 수가 있었다. 무왕武王은 말했다.

"나에게는 유능한 신하 열 사람[2]이 있다."

공자孔子께서 말씀하셨다.

"'인재를 구하기 어렵다'고 하더니, 그렇지 아니한가? 당나라에서 우나라로 교체기[3]에는 이만한 인재로 태평성대를 이루었는데, (무왕의 신하 중에는) 부인이 하나 있었으므로 그 수는 아홉 사람뿐이었다. (주나라의 문왕은) 천하의 3분의 2를 차지하고서도 은殷나라를 섬겼으니, 주周나라의 덕德은 지극한 덕이라 이를 만하다."

舜有臣五人 而天下治. 武王曰 予有亂臣十人. 孔子曰 才難 不
순유신오인 이천하치 무왕왈 여유란신십인 공자왈 재난 불
其然乎? 唐虞之際 於斯爲盛 有婦人焉 九人而已. 三分天下有
기연호   당우지제 어사위성 유부인언 구인이이   삼분천하유

其二 以服事殷 周之德 其可謂至德也已矣.
기 이 이복사은 주지덕 기가위지덕야이의

주 1 臣五人 : 우禹 · 직稷 · 계契 · 고도皐陶 · 백익伯益으로 순舜의 다섯 명신名臣. 2 臣十人 : 무왕武王의 명신名臣은 주공周公 · 소공석召公奭 · 태공망太公望 · 고공皐公 · 영공榮公 · 대전大顚 · 굉요閎夭 · 산의생散宜生 · 남궁괄南宮适 등이었고, 그 외에 부인이 한 사람 있었다고 한다. 3 唐虞之際 : 요임금의 당나라에서 순임금의 우나라로 바뀌던 무렵.

해설 이 장章은 주로 주周나라 무왕과 문왕을 중심으로 한 주초周初의 역사를 논평한 것이다.

21. 공자孔子께서 말씀하셨다.

"우禹임금에 대해서는 나로서는 비난할 데가 없다. 자기는 음식을 형편없이 먹으면서 귀신에게는 정성을 다하여 제물을 올렸고, 평소의 옷은 허름한 것을 입으면서 제사 때 예복은 아름답게 하였고, 거처하는 궁실은 허술하게 하면서도 농사짓는 봇도랑을 내는 데는 힘을 다했다. 우임금에 대해서는 나로서는 비난할 데가 없다."

子曰 禹吾無間然矣. 菲飮食 而致孝乎鬼神. 惡衣服 而致美乎
자왈 우오무간연의 비음식 이치효호귀신 악의복 이치미호
黻冕, 卑宮室 而盡力乎溝洫. 禹吾無間然矣.
불면 비궁실 이진력호구혁 우오무간연의

제9편
자子한罕

1. 공자孔子께서는 이利와 천명天命과 인仁에 대해서는 좀처럼 말씀하시지 않으셨다.

子罕言利與命與仁.
자 한 언 리 여 명 여 인

해설 군자가 힘쓸 바는 '의義'에 있는 것이지 '이'에 있는 것이 아니며, '명命'과 '인仁'은 이론적 인식보다는 본질 직관적으로만 인식할 수 있는 것이며, 특히 '인'은 이론보다는 실천의 문제이므로, 이 삼자三者에 대해서 공자는 형이상학적이거나 이론적으로는 말하는 일이 별로 없었던 것이다. "공자께서는 드물게 이利를 말씀하시되 (그러할 때에는) 운명과 같이 하셨으며 인과 같이 하셨다"라고 풀이하는 사람도 있다.

2. 달항達巷 마을의 사람이 말했다.
"위대하도다, 공자孔子여! 박학하셨으면서도 그것으로 명성을 이룬 바 없으시니!"
공자께서 이 말을 들으시고, 제자들에게 말씀하셨다.
"나는 무엇에 전념해야 하겠느냐? 수레 몰이를 해야 할까? 활쏘기를 해야 할까? 나는 수레 몰이나 해야겠다."

達巷黨人曰 大哉 孔子! 博學而無所成名. 子聞之謂門弟子曰
달항당인왈 대재 공자   박학이무소성명   자문지위문제자왈
吾何執? 執御乎 執射乎? 吾執御矣.
오하집   집어호 집사호   오집어의

주 1 吾執御矣 : 나와 같은 사람이야 예악의 도道를 닦아서 명성을 얻을 수는 없을 것이니, 명성을 얻는다면 혹 수레 모는 일이나 할 수 있을 것이다. 여기서 공자의 말은 지극히 겸손이 곁들여 있는 것이다.

3. 공자孔子께서 말씀하셨다.

"삼麻으로 만든 면관冕冠이라야 예禮에 맞는 것이지만, 지금 명주실로 만든 것을 쓰는 것은 검약하기 위한 것이므로 나도 여러 사람을 따르겠다. 당하堂下에서 임금께 절하는 것이 예에 맞는 것이지만, 오늘날 당상堂上에서 절하는 것은 교만한 짓이므로 비록 여러 사람들과 어긋난다 하더라도 나는 당하堂下에서 절하는 것을 따르겠다."

子曰 麻冕禮也 今也純 儉 吾從衆. 拜下禮也 今拜乎上 泰也
자왈 마면예야 금야순 검 오종중   배하례야   금배호상 태야
雖違衆 吾從下.
수위중 오종하

4. 공자孔子께서 안 하시는 것이 네 가지 있다. 억측하는 일이 없으셨고, 장담하시는 일이 없으셨고, 고집하는 일이 없으셨고, 이기적인 일이 없으셨다.

子絶四 母意 母必 母固 母我.
자절사 무의 무필 무고 무아

5. 공자孔子께서 광匡에서 위험한 일을 당하셨을 때 말씀하셨다.
"문왕文王이 이미 돌아가셨지만 그 문화가 나한테 전해져 있지 않은가? 하늘이 이 문화를 없애려 하였다면 문왕보다 뒤에 죽을 나 같은 사람이 이 문화에 참여할 수 없었을 것이다. 하늘이 이 문화를 없애려 하지 않는다면 광匡의 사람들이 나를 어찌하겠는가?"

子畏於匡 曰 文王旣沒 文不在茲乎? 天之將喪斯文也 後死者
자외어광 왈 문왕기몰 문부재자호 천지장상사문야 후사자
不得與於斯文也. 天之未喪斯文也 匡人其如予何?
부득여어사문야 천지미상사문야 광인기여여하

해설 공자孔子께서 57세 때에 위衛나라에서 진陳나라로 가던 도중, 이곳에서 포악한 짓을 저지른 노魯나라의 장군 양호陽虎를 죽이려고 대기하고 있던 이곳 사람들은 마침 이곳을 지나던 공자의 용모가 양호와 비슷하여 착각하고 공자를 죽이려고 했다. 그러나 공자는 침착하게 자신의 신념을 말씀하신 것이다.

6. 태재大宰[1]가 자공子貢에게 물었다.
"선생님은 성인聖人이십니까? 어찌 그렇게도 다능多能하시지요?"
자공이 말했다.

"본래 하늘이 그 분을 큰 성인으로 삼고자 하였으니, 또한 다능한 것입니다."

공자孔子께서 들으시고 말씀하셨다.

"태재大宰가 나를 바로 아는구나! 나는 젊었을 적에 비천했기 때문에 천한 일도 많이 할 줄 아는 것이다. 군자가 다능해야 할까? 다능하지 않아도 된다.²"

로牢³가 말했다.

"선생님께서는 '내가 등용되지 못했기 때문에 여러 가지 재주를 익히게 되었다'고 말씀하셨습니다."

大宰問於子貢曰 夫子聖者與? 何其多能也? 子貢曰 固天縱之
태재문어자공왈 부자성자여   하기다능야   자공왈 고천종지
將聖 又多能也. 子聞之曰 大宰知我乎? 吾少也賤 故多能鄙事.
장성 우다능야 자문지왈 태재지아호   오소야천 고다능비사
君子多乎哉? 不多也. 牢曰 子云 吾不試 故藝.
군자다호재? 부다야 노왈 자운 오불시 고예

주 1 大宰 : 육경六卿의 벼슬 이름. 오吳나라의 태재였던 희부喜否라고 하기도 하나 미상이다. 2 君子多乎哉… : 보잘것없는 기술적인 일에 다능한 것이 성인聖人이 아니라, 전인적인 인격자가 성인이다. 3 牢 : 금로琴牢. 공자孔子의 문인. 자字는 자개子開, 또는 자장子張. 위衛나라 사람.

7. 공자孔子께서 말씀하셨다.

"내가 아는 것이 있는가? 아는 것이 없다. 그러나 비천卑賤한 사람이라도 내게 묻는다면 그가 아무리 무지無知할지라도 나는 처음

부터 끝까지 성의를 다해 가르쳐줄 것이다."

子曰 吾有知乎哉? 無知也. 有鄙夫問於我 空空如也 我叩其兩
자왈 오유지호재   무지야 유비부문어아 공공여야 아고기양
端而竭焉.
단이갈언

8. 공자孔子께서 말씀하셨다.
"봉황새도 오지 않고, 황하黃河에서 도판圖版도 나오지 않으니, 나는 다 틀렸나 보다!"

子曰 鳳鳥不至 河不出圖 吾已矣夫!
자왈 봉조부지 하불출도 오이의부

해설 성인聖人이 나올 때에는 반드시 서광瑞光이 나타나는 것이니 순舜임금 때에는 봉황새가 나타났고, 문왕文王때에는 기산岐山에서 봉황새가 울었다고 하며, 복희伏羲 때에는 용마龍馬가 뒷날 역易의 팔괘八卦의 시초가 된 도판圖版을 짊어지고 나타났다고 한다.

9. 공자孔子께서는 상복喪服을 입은 사람과 면복冕服[1]을 입은 사람과 눈먼 사람을 보면 비록 젊은이라 하더라도 반드시 일어나셨고, 이들 곁을 지나시게 되면 반드시 빠른 걸음을 하셨다.

子見齊衰者 冕衣裳者 與瞽者 見之 雖少必作 過之必趨.
자견자최자 면의상자 여고자 견지 수소필작 과지필추

주 1 冕衣裳 : 면冕은 예관禮冠. 의상衣裳은 예복의 바지저고리. 대부 이상 계급의 예복禮服을 가리킴.

해설 공자孔子가 이렇게 하신 것은 상喪을 당한 사람을 슬퍼해주고, 높은 관원을 존경하고, 불구자를 불쌍히 여기는 마음 때문이었다.

10. 안연顔淵이 크게 탄식하며 말했다.

"우러러 보면 볼수록 더욱 높고, 뚫고 들어가면 들어갈수록 더욱 굳어지고, 바라보면 앞에 계시는 것 같은데 어느새 뒤에 서 계시다. 선생님께서는 차근차근 사람을 잘 이끌어주시어 학문으로 우리의 지식을 넓게 해주시고, 예禮로써 우리의 행동을 단속해주신다. 배움을 그만두려고 해도 그만둘 수가 없어, 나의 재주를 다해버렸는데도 선생님의 가르침은 우뚝 서 있는 것 같다. 비록 그것을 따르고자 해도 따를 수가 없다."

顔淵喟然歎曰 仰之彌高 鑽之彌堅 瞻之在前 忽焉在後. 夫子
안연위연탄왈 앙지미고 찬지미견 첨지재전 홀언재후 부자
循循然善誘人 博我以文 約我以禮. 欲罷不能 旣竭吾才 如有
순순연선유인 박아이문 약아이례 욕파불능 기갈오재 여유
所立卓爾. 雖欲從之 末由也已.
소립탁이 수욕종지 말유야이

11. 공자孔子께서 병환이 심해지시자, 자로子路가 제자들로 하여 금 가신家臣인 것같이 하여 시중들도록 하였다.[1] 병환이 조금 나으시자, 이렇게 말씀하셨다.

"오래되었구나, 유由가 거짓을 행한 지가! 가신이 없는데도 가신이 있는 것처럼 한다면, 내가 누구를 속이겠는가? 하늘을 속이겠는가? 또 나는 가신의 손에서 죽기보다는 차라리 너희들 제자들 손에서 죽는 것이 낫지 않겠느냐? 또 내가 성대한 장례는 받지 못한다 할지라도 길거리에서 죽기야 하겠느냐?"

子疾病 子路使門人爲臣. 病間曰 久矣哉 由之行詐也. 無臣
자질병 자로사문인위신   병간왈 구의재 유지행사야   무신
而爲有臣 吾誰欺? 欺天乎? 且予與其死於臣之手也 無寧死於
이위유신 오수기 기천호   차여여기사어신지수야 무녕사어
二三子之手乎? 且予縱不得大葬 予死於道路乎?
이삼자지수호   차여종부득대장 여사어도로호

주 1 使門人爲臣 : 가신家臣이 없는 장례는 매우 보잘것없으므로 스승을 위하는 마음으로 공자孔子가 대부大夫의 지위에 있어 많은 가신을 거느리고 있는 것처럼 한 것이다.

12. 자공子貢이 말했다.

"아름다운 옥玉이 여기에 있다면 궤 속에 넣어 감춰두겠습니까? 좋은 상인을 찾아서 파시겠습니까?"

공자孔子께서 말씀하셨다.

"팔아야지, 팔아야지! 나는 상인을 기다리고 있느니라."

子貢曰 有美玉於斯 韞匵而藏諸? 求善賈而沽諸? 子曰 沽之哉
자공왈 유미옥어사 온독이장저 구선고이고저 자왈 고지재

沽之哉! 我待賈者也.
고지재 아대고자야

해설 덕德이 있으면서도 헛되이 세상을 숨어서 살 것인가, 아니면 명군현신名君賢臣을 찾아가서 그들을 섬김으로써 나의 도道를 펴 나갈 것인가에 대해서 우의적으로 묻고 또 이에 대답한 것이다.

13. 공자孔子께서 구이九夷¹의 땅으로 가서 사시고자 하자, 어떤 사람이 말했다.

"누추할 텐데 어떻게 하시렵니까?"

공자孔子께서 말씀하셨다.

"군자가 거기에 산다면 어찌 누추함이 있겠는가?"

子欲居九夷 或曰 陋 如之何? 子曰 君子居之 何陋之有?
자욕거구이 혹왈 누 여지하 자왈 군자거지 하누지유

주 1 九夷 : 동방에 있는 아홉 개의 미개 종족.

14. 공자孔子께서 말씀하셨다.

"내가 위衛나라에서 노魯나라로 돌아온 뒤로 음악이 바로잡히어, 아雅와 송頌이 각각 제자리를 찾았다."

子曰 吾自衛反魯 然後樂正 雅頌各得其所.
자왈 오자위반노 연후악정 아송각득기소

해설 아雅와 송頌은 《시경詩經》의 육의六義(풍風·부賦·비比·흥興·아雅·송頌)에 나타난 시체詩體로서 '아'는 조정에서 사용하는 악가樂歌, '송'은 조상의 공덕을 찬미하는 노래를 말한다. 이들은 음악에 맞추어 불렸던 것이다. 여기서는 연주될 때 악장이 문란해진 것을 바로잡았다는 뜻이다.

15. 공자孔子께서 말씀하셨다.
"밖에 나가면 공경公卿[1]을 섬기고, 안에 들어오면 부형父兄을 섬기며, 상사喪事에는 감히 게을리하지 아니하고, 술로 말미암아 난잡하게 되지 않는 일과 같은 것이, 어찌 나에게 문제가 있겠느냐?"

子曰 出則事公卿 入則事父兄 喪事不敢不勉 不爲酒困 何有
자왈 출즉사공경 입즉사부형 상사불감불면 불위주곤 하유
於我哉?
어아재

주 1 公卿 : 삼공구경三公九卿을 뜻하는 것이지만, 옛날에는 경대부卿大夫가 물러나게 되면 국로國老로서 향당에서 존경받게 되어 있었으므로 향당의 선배를 뜻하기도 한다.

16. 공자孔子께서 시냇가에서 말씀하셨다.
"지나가고 있는 것은 모두 이 물과 같아서 밤낮 멈추지 않는구나."

子在川上曰 逝者如斯夫 不舍晝夜.
자 재 천 상 왈 서 자 여 사 부 불 사 주 야

해설 우주의 삼라만상은 변화해서 멈추지 않음이 저 물과 같다는 뜻. 또는 끊임없이 흘러가는 물과 같이 쉬지 않고 학문에 노력할 것을 권면한 말로 보는 설說도 있다.

17. 공자孔子께서 말씀하셨다.
"나는 덕德을 좋아하기를 여색女色을 좋아하듯 하는 사람을 보지 못했다."

子曰 吾未見好德如好色者也.
자 왈 오 미 견 호 덕 여 호 색 자 야

18. 공자孔子께서 말씀하셨다.
"비유컨대 산을 쌓아 올리는데 한 삼태기의 흙이 모자라서 완성하지 못하고 그만두었더라도 그것은 내가 그만둔 것이다. 비유컨대 땅을 평평하게 고르는데 비록 한 삼태기의 흙을 가져다 부었더라도 그 일이 진척되었다면 그것은 내가 나아지게 한 것이다."

子曰 譬如爲山 未成一簣 止 吾止也. 譬如平地 雖覆一簣 進
자왈 비여위산 미성일궤 지 오지야   비여평지 수복일궤 진
吾往也.
오왕야

19. 공자孔子께서 말씀하셨다.

"말을 해주면 그것을 실천하기를 게을리하지 않는 사람은 회回[1]일 것이다."

子曰 語之而不惰者 其回也與.
자왈 어지이불타자 기회야여

주 1 回 : 공자의 수제자首弟子. 성은 안顔, 이름은 회回, 자字는 자연子淵이다.

20. 공자孔子께서 안연顔淵에 대해서 말씀하셨다.

"애석하다! 나는 그가 앞으로 나아가는 것은 보았으나, 멈추어 있는 것은 보지 못했다.[1]"

子謂顔淵曰 惜乎! 吾見其進也 吾未見其止也.
자위안연왈 석호   오견기진야 오미견기지야

주 1 惜乎… : 공자孔子는 안회顔回가 늘 자기 향상自己向上을 위해 꾸준히 노력하고 그 노력을 중단하지 않았던 일을 회상하여 그가 일찍 죽은 것을 애석해한 것이다.

21. 공자孔子께서 말씀하셨다.

"싹이 자라서도 꽃을 피우지 못한 경우도 있고, 꽃을 피우고서도 열매를 맺지 못한 경우도 있다."

子曰 苗而不秀者 有矣夫, 秀而不實者 有矣夫.
자 왈 묘 이 불 수 자 유 의 부   수 이 불 실 자 유 의 부

22. 공자孔子께서 말씀하셨다.

"후배들은 두려워할 만하다. 그들의 장래가 지금의 우리보다 못하리라는 것을 어찌 알겠는가? 그러나 사십이나 오십이 되어도 그의 명성을 들을 수 없다면, 그런 사람은 두려워할 것이 없다."

子曰 後生可畏 焉知來者之不如今也? 四十五十而無聞焉 斯
자 왈 후 생 가 외 언 지 래 자 지 불 여 금 야   사 십 오 십 이 무 문 언   사
亦不足畏也已.
역 부 족 외 야 이

23. 공자孔子께서 말씀하셨다.

"올바른 말을 따르지 않을 수 있겠는가? 자기 잘못을 고치는 것이 중요하다. 부드럽게 타이르는 말을 기뻐하지 않을 수 있겠는가? 말의 참뜻을 찾아내는 것이 중요하다. 기뻐하기만 할 뿐 참뜻을 찾아내지 않으며, 따르면서도 잘못된 것을 고치지 않는다면, 나도 그런 사람은 어찌할 수가 없다."

子曰 法語之言 能無從乎? 改之爲貴. 巽與之言 能無說乎? 繹之
자왈 법어지언 능무종호 개지위귀 손여지언 능무열호 역지

爲貴. 說而不繹 從而不改 吾末如之何也已矣.
위귀 열이불역 종이불개 오말여지하야이의

24. 공자孔子께서 말씀하셨다.

"충성忠誠과 신의信義¹를 위주로 하고, 자기보다 못한 사람을 벗으로 사귀지 말며, 잘못이 있으면 고치기를 꺼리지 마라."

子曰 主忠信 毋友不如己者 過則勿憚改.
자왈 주충신 무우불여기자 과즉물탄개

주 1 忠信: '충忠'은 자기에 대한 성실성이고, '신信'은 타인에 대한 성실성이다.

25. 공자孔子께서 말씀하셨다.

"삼군三軍에서 그 장수를 빼앗아올 수는 있어도, 한 사나이한테서 그의 뜻을 빼앗을 수는 없다."

子曰 三軍可奪帥也 匹夫不可奪志也.
자왈 삼군가탈수야 필부불가탈지야

해설 사람의 인격적 주체성(자기 목적성)에 대한 자각과 강조를 이해할 수가 있다.

26. 공자孔子께서 말씀하셨다.

"낡은 무명옷을 입고서 여우나 담비 털옷을 입은 사람과 함께 서 있어도 부끄러워하지 않을 사람은 유由일 게다."

"남을 해치지도 않고 남의 것을 탐내지도 않으니 어찌 훌륭하지 않겠는가?[1]"

자로子路가 이 말을 듣고서 이 구절을 평생을 두고 읊고 다니자, 공자께서 말씀하셨다.

"그와 같은 도리[2]가 무엇이 그리 훌륭하다고 할 수 있겠는가?[3]"

子曰 衣敝縕袍 與衣狐貉者 立而不恥者 其由也與! 不忮不求
자왈 의폐온포 여의호학자 입이불치자 기유야여   불기불구
何用不臧? 子路終身誦之 子曰 是道也 何足以臧?
하용부장   자로종신송지   자왈 시도야 하족이장

주 1 不忮不求… : 《시경詩經》 패풍邶風 웅치편雄雉篇의 시구. 2 是道 : 해치지도 않으며 탐내지도 않음을 말함. 3 何足以臧 : 거기에 머물러 있을 것이 아니라, 적극적으로 더욱더 좋은 것을 행하기를 바란다는 뜻이다.

27. 공자孔子께서 말씀하셨다.

"날씨가 추워진 뒤에라야 소나무와 잣나무가 뒤늦게 시든다는 것[1]을 알게 된다."

子曰 歲寒然後 知松柏之後彫也.
자왈 세한연후 지송백지후조야

주 1 後彫 : 조彫는 조凋와 통하여, '잎새가 뒤늦게 시든다'로 풀이하기도 하고, '시들지 않는다'로 풀이하기도 한다.

28. 공자孔子께서 말씀하셨다.

"지혜로운 사람은 미혹되지 않으며, 인仁한 사람은 근심하지 않으며, 용감한 사람은 두려워하지 않는다."

子曰 知者不惑 仁者不憂 勇者不懼.
자왈 지자불혹 인자불우 용자불구

29. 공자孔子께서 말씀하셨다.

"함께 배울 수 있는 사람이라 하더라도 함께 도道를 지향해 나아갈 수는 없으며, 함께 도를 지향해 나아갈 수 있는 사람이라도 함께 뜻을 세울 수는 없으며, 함께 뜻을 세울 수 있는 사람이라도 함께 일의 권도權道를 헤아려 행동할 수는 없다."

子曰 可與共學 未可與適道, 可與適道 未可與立, 可與立 未可
자왈 가여공학 미가여적도 가여적도 미가여립 가여립 미가

與權.
여권

30. "산앵두나무의 꽃이 펄럭이며 흔들리네. 어찌 그대를 생각지 않으리오만 그대 집이 너무 멀리 있네.1"

공자孔子께서 이에 대해 말씀하셨다.

"진정으로 생각한 것이 아니다. 먼 것이 무슨 상관 있겠는가?"

唐棣之華 偏其反而. 豈不爾思 室是遠而. 子曰 未之思也 夫
당체지화 편기반이   기불이사 실시원이   자왈 미지사야 부
何遠之有?
하원지유

주 1 唐棣之華 : 이 네 구절의 시는 《시경詩經》에는 없는 일시逸詩다.

제10편

향鄕당黨

1. 공자孔子께서 향리鄕里에 계실 적에는 공손하시어 말할 줄 모르는 사람 같으셨고, 종묘와 조정에 나가 계실 적에는 말씀을 분명하게 하시되 다만 신중하셨다.

孔子於鄕黨 恂恂如也 似不能言者. 其在宗廟朝廷 便便言 唯
공자어향당 순순여야 사불능언자   기재종묘조정 변변언 유
謹爾.
근 이

2. 조정에서 하대부下大夫와 말씀하실 적에는 화락和樂하셨고, 상대부와 말씀하실 적에는 정중하고 조리 있게 하셨다. 임금이 계실 적에는 지극히 공경스러우면서도 의젓하셨다.

朝與下大夫言 侃侃如也, 與上大夫言 誾誾如也, 君在 踧踖如
조여하대부언   간간여야   여상대부언   은은여야   군재 축적여
也, 與與如也.
야   여여여야

3. 임금의 부름을 받아 내빈內賓의 접대를 맡겼을 적에는 얼굴빛은 엄숙하게 하시고 발걸음은 조심스럽게 하셨다. 함께 서 있는 사람들[1]에게 읍揖하실 적에는 손을 왼쪽으로 돌리어 읍하기도 하시고, 오른쪽으로 돌리어 읍하기도 하셨는데, 옷 앞뒤 자락은 가지런히

움직였다. 빠른 걸음으로 나아가실 적에는 동작이 단정하셨다. 손님이 물러가면 반드시 "손님께서는 더 돌아보지 않고 돌아가셨습니다[2]"라고 복명復命하셨다.

君召使擯 色勃如也 足躩如也. 揖所與立 左右手 衣前後 襜
군소사빈 색발여야 족곽여야   읍소여립 좌우수 의전후 첨
如也. 趨進 翼如也. 賓退 必復命 曰 賓不顧矣.
여야 추진 익여야 빈퇴 필복명 왈 빈불고의

주 1 所與立 : 함께 귀빈을 접대하는 사람들. 2 賓不顧 : 손님이 만족한 심경으로 돌아갔다는 뜻.

4. 대궐 문을 들어가실 적에는 몸을 굽히는 것이 마치 문이 작아서 들어가기 어려운 것과 같이 하셨고, 서계실 적에는 문 가운데를 피하셨고, 걸어다니실 적에는 문지방을 밟지 않으셨다. 임금이 계신 자리 앞을 지나가실 적에는 얼굴빛은 엄숙하게 하시고, 걸음은 조심스럽게 하시고, 말씀은 마치 말을 제대로 못하는 것같이 하셨다. 옷자락을 잡으시고 대청에 오르실 적에는 몸을 굽히시고 숨을 쉬지 않으시는 것같이 멈추셨다. 물러 나오실 적에는 한 계단을 내려오셔서 얼굴빛을 펴시고 기쁜 표정을 지으셨다. 계단을 다 내려오셔서 빠른 걸음으로 나가실 적에는 동작이 단정하셨다. 본래의 자리로 되돌아오셔서는 공경스러운 모습이었다.

入公門 鞠躬如也 如不容. 立不中門 行不履閾. 過位 色勃如也
입공문 국궁여야 여불용 입불중문 행불리역 과위 색발여야

足躩如也 其言似不足者. 攝齊升堂 鞠躬如也 屏氣似不息者.
족 곽 여 야 기 언 사 부 족 자   섭 자 승 당   국 궁 여 야   병 기 사 불 식 자

出降一等 逞顔色 怡怡如也. 沒階趨進 翼如也. 復其位 踧踖
출 강 일 등 영 안 색 이 이 여 야   몰 계 추 진 익 여 야   복 기 위 축 적

如也.
여 야

5. 규圭¹를 잡고 계실 때에는 몸을 굽히시어 그것을 못 이기시는 것 같이 하셨다. 그것을 올리실 때에도 읍揖하시는 정도로 하시고, 내리실 때에는 물건을 내주실 때 정도로 하시되 두려워하시는 것같이 하셨고, 발은 뒤꿈치를 들고 사뿐사뿐 걸어가셨다. 향례享禮에 있어서는 점잖은 표정을 보이셨고, 사적私的인 접견에서는 즐거운 표정을 보이셨다.

執圭 鞠躬如也 如不勝. 上如揖 下如授 勃如戰色 足蹜蹜如有
집 규 국 궁 여 야 여 불 승   상 여 읍 하 여 수 발 여 전 색   족 축 축 여 유

循. 享禮有容色 私覿 愉愉如也.
순   향 례 유 용 색 사 적 유 유 여 야

주 1 圭: 사람의 형상으로 만든 옥玉으로 된 가느다란 예기禮器. 임금의 위엄을 상징하는 것으로 사신으로 갈 때 가지고 가는 것.

6. 군자君子¹는 보라색과 주홍색으로는 깃이나 소매를 장식하지 않으며, 붉은색과 자주색으로는 평복을 만들지 않는다. 더울 때는 갈포로 만든 홑옷을 반드시 맨 위에 입고 외출을 한다. 검정 옷에는

검정 염소 갖옷을, 흰옷에는 어린 사슴 갖옷을, 누런 옷에는 여우 갖옷을 입는다. 평소에 입는 갖옷은 길고 오른쪽 소매는 짧게 만든다.[2] 반드시 잠옷을 갖추는데 그 길이가 키의 한 배 반이 되는 것이다. 여우와 담비의 두꺼운 털옷은 집에서 입는다. 상喪을 벗게 되면 무슨 패옥佩玉이든 다 찬다.[3] 조정에 나갈 때나 제사 때에 입는 정복이 아니면 모든 옷은 반드시 잘라서 간편하게 해 입는다.[4] 검정 염소 갖옷에 검정 갓을 쓰고는 문상問喪을 가지 않는다. 매달 초하룻날에는 반드시 조정의 예복을 입고 조정에 나아갔다.[5]

君子不以紺緅飾 紅紫不以爲褻服. 當暑袗絺綌 必表而出之. 緇衣羔裘 素衣麑裘 黃衣狐裘 褻裘長 短右袂. 必有寢衣 長一身有半. 狐貉之厚以居. 去喪無所不佩. 非帷裳必殺之. 羔裘玄冠 不以弔 吉月必朝服而朝.

주 1 君子: 공자孔子를 말한다고도 한다. 2 褻裘長 短右袂: 활동하기에 편하게 하기 위해서 소매를 짧게 했다. 3 去喪無所不佩: 옛날의 복제服制에서는 각띠를 띠게 되어 있는데 상중喪中이 아니면 반드시 패옥을 달았다. 4 非帷裳必殺之: 조정에 나갈 때와 제사 때 입는 예복에는 앞치마같이 입는 아래옷을 온폭 그대로를 사용하여 포장처럼 드리워 입었다. 따라서 공자는 "조복과 제복의 아래옷이 아니면 모든 옷을 반드시 몸에 맞도록 천을 재단하여 입었다"는 것을 뜻하고 있다. 5 吉月必朝服而朝: 공자孔子는 벼슬을 그만두었지만 임금의 은혜를 잊지 않고 매달 초하룻날에는 한 번씩 조정에 나가서 고삭告朔의 예를 행하였다.

7. 재계齋戒하실 때에는 반드시 목욕 옷을 갖추셨는데, 삼베 천으로 만든 것이었다. 재계하실 때에는 반드시 음식은 평소의 것과는 달리 하시고 거처도 바꾸셨다.

齊必有明衣 布. 齊必變食 居必遷坐.
재필유명의 포   재필변식 거필천좌

8. 밥은 잘 찧은 쌀로 지은 것을 좋아하셨고, 회는 가늘게 썬 것일수록 좋아하셨다. 밥이 쉬어서 맛이 변한 것, 생선이 상한 것과 고기가 썩은 것은 잡수시지 않으셨고, 빛깔이 나빠도 잡수시지 않으셨고, 냄새가 나빠도 잡수시지 않으셨고, 알맞게 익힌 것이 아니면 잡수시지 않으셨고, 제철에 맞는 과일이 아니면 잡수시지 않으셨고, 고기 썬 것이 반듯하지 않으면 잡수시지 않으셨고, 입에 맞는 간장이 없으면 잡수시지 않으셨다. 고기를 많이 잡수신다 하더라도 주식인 밥보다 많이 잡수시지 않으셨다. 술만은 일정한 양이 없으셨으나 난잡해지는 데까지는 이르지 않으셨다. 받아온 술과 사온 육포는 잡수시지 않으셨고, 생강은 버리지 않고 잡수셨으나 많이 잡수시지는 않으셨다. 나라의 제사에 참여한 뒤에 얻어온 고기는 밤을 넘기지 않으셨고,[1] 집안 제사에 쓴 고기는 사흘을 넘기지 않으셨고, 사흘이 넘으면 잡수시지 않으셨다. 잡수실 적에는 말씀을 하지 않으셨고, 잠자리에 드셔서는 말씀을 하지 않으셨다. 거친 밥과 채소국이라 할지라도 제식祭食[2]하실 때에는 반드시 경건하게 하셨다.

食不厭精 膾不厭細. 食饐而餲 魚餒而肉敗 不食. 色惡不食. 臭
식불염정 회불염세 식의이애 어뇌이육패 불식 색악불식 취
惡不食. 失飪不食 不時不食. 割不正不食 不得其醬不食. 肉
악불식 실임불식 불시불식 할부정불식 부득기장불식 육
雖多 不使勝食氣. 惟酒無量 不及亂. 沽酒市脯不食. 不撤薑食
수다 불사승식기 유주무량 불급란 고주시포불식 불철강식
不多食. 祭於公 不宿肉. 祭肉 不出三日 出三日 不食之矣. 食不
부다식 제어공 불숙육 제육 불출삼일 출삼일 불식지의 식불
語 寢不言. 雖疏食菜羹 瓜祭 必齊如也.
어 침불언 수소식채갱 고제 필재여야

주 1 祭於公不宿肉 : 신神의 은혜를 소홀하게 하지 않기 위해서이다. 2 瓜祭 : 밥 먹기 전에 한술 떠서 그릇 밖에 떠 놓고서 음식을 처음 마련해준 신에게 감사하는 일.

9. 자리가 바르지 않으면 앉지 않으셨다.

席不正 不坐.
석부정 부좌

10. 마을 사람들과 술을 드실 적에는 지팡이를 짚은 노인이 나간 뒤에야 나가셨다. 마을 사람들이 나례儺禮[1]를 지내면 조정의 예복을 입으시고 동쪽 계단에 서 계셨다.[2]

鄕人飮酒 杖者出 斯出矣. 鄕人儺 朝服而立於阼階.
향인음주 장자출 사출의 향인나 조복이립어조계

주 1 儺禮 : 12월 말에 행해지는 의식으로서 악귀를 몰아내기 위한 것이었으니, 무서운 형상을 한 가면·가장으로 악귀를 축출하는 시늉을 하는 연극에 가까운 행사. 2 立於阼階 : 조상이 악귀의 무서운 모습에 놀라지 않도록 하기 위해서 동쪽 계단에 섰다고 하기도 하나, 아마도 그렇게 하는 것이 그 당시의 예禮였으리라 생각된다.

11. 다른 나라에 있는 사람에게 안부를 전할 때에는 그곳에 가는 사람에게 두 번 절하고서 보내셨다.

강자康子¹가 약藥을 내리자, 엎드려 절하시고 그것을 받으시며 말씀하셨다.

"저는 (약에 대해서) 잘 알지 못하므로 감히 맛볼 수 없습니다.²"

問人於他邦 再拜而送之. 康子饋藥 拜而受之 曰 丘未達 不敢嘗.
문 인 어 타 방 재 배 이 송 지   강 자 궤 약 배 이 수 지 왈 구 미 달 불 감 상

주 1 康子 : 노魯나라의 권문權門인 계가季家의 장長. 2 不敢嘗 : 음식을 받으면 맛을 보는 것이 예禮이지만, 약藥은 맛볼 수가 없는 것이다.

12. 마구간에 불이 났었는데, 공자孔子께서 조정에서 퇴근하시어 말씀하시기를, "사람이 다치지는 않았느냐?" 하시고, 말馬에 대해서는 묻지 않으셨다.

廐焚 子退朝 曰 傷人乎? 不問馬.
구 분 자 퇴 조 왈 상 인 호   불 문 마

해설 공자께서는 사람에게 손상이 없으면 그것으로 다행한 일이기에 말馬은 일단 문제 삼지 않았다.

13. 임금이 음식을 내리시면 반드시 자리를 바로 하고 먼저 그것을 맛보셨다. 임금이 날고기를 내리시면 반드시 익혀서 제물로 올리셨다.[1] 임금이 산 짐승을 내리시면 반드시 기르셨다. 임금을 모시고 식사를 하실 때에는 임금이 제식祭式[2]하면 먼저 음식을 드셨다.[3] 병이 나서 임금이 문병 오시면 머리를 동쪽으로 두고 조정에서 입는 예복을 덮고 큰 띠를 예복 위에 펼쳐 놓으셨다.[4] 임금이 오라고 명하시면 수레가 준비되는 것을 기다리지 않고 떠나셨다.[5]

君賜食 必正席先嘗之. 君賜腥 必熟而薦之. 君賜生 必畜之. 侍
군사식 필정석선상지 군사성 필숙이천지 군사생 필축지 시
食於君 君祭先飯. 疾 君視之 東首 加朝服拖紳. 君命召 不俟
식어군 군제선반   질 군시지 동수 가조복타신   군명소 불사
駕行矣.
가 행 의

주 1 君賜食… : 날고기가 아니면 제물로 올리지 아니 했음. 2 祭 : 음식을 먹기 전에 음식의 일부를 떠내어 식물食物의 신神에게 올리는 제사. 3 先飯 : 임금이 먹기 전에 먼저 음식의 맛을 본다. 4 東首加朝服拖紳 : 예복을 갖추고 있는 것 같은 형식을 취하기 위한 것이다. 5 君命召 : 임금의 명은 일각도 늦추지 못함을 나타내기 위한 것이다.

14. 태묘大廟에 들어가셔서는 매사에 대하여 물으셨다.

入大廟 每事問.
입 태 묘 매 사 문

* 앞의 팔일편八佾篇 제15장 참조.

15. 벗이 죽었는데 돌보아 줄 사람이 없자, 공자께서는 "내 집에 빈소를 차리시오"라고 하셨다. 벗이 보내준 물건은 그것이 수레나 말¹에 실어온 것이라 할지라도 제사에 썼던 고기가 아니면 절하지 않으셨다.²

朋友死 無所歸 曰 於我殯. 朋友之饋 雖車馬 非祭肉 不拜.
붕 우 사 무 소 귀 왈 어 아 빈   붕 우 지 궤 수 거 마 비 제 육 불 배

주 1 車馬 : 아무리 값비싼 소중한 선물이라 할지라도. 2 非祭肉不拜 : 제육祭肉의 경우엔 신神을 숭배하는 뜻에서 절을 했다.

16. 주무실 적에는 시체처럼 눕지 않으셨고, 집에 계실 적에는 엄숙한 얼굴빛을 짓지 않으셨다. 상복을 입은 사람을 만나면 비록 친밀한 사이라 할지라도 반드시 안색을 바꾸어 대하셨다. 면복冕服을 입은 사람과 눈먼 사람을 만나면 비록 자주 만나는 사이라 할지라도 반드시 예모를 갖추어 대하셨다.¹ 상복을 입은 사람에게는 수레

위에서도 예를 갖추셨고, 나라의 도판圖版을 짊어진 사람에게도 수레 위에서 예를 갖추셨다.² 성찬盛饌이 나오게 되면 반드시 안색이 변하며 일어나셨다.³ 별안간 천둥이 치거나 바람이 세게 불면 반드시 안색이 변하셨다.

寢不尸 居不容. 見齊衰者 雖狎必變. 見冕者與瞽者 雖褻必以
침불시 거불용 견자최자 수압필변   견면자여고자 수설필이
貌. 凶服者式之. 式負版者. 有盛饌 必變色而作 迅雷風烈 必變.
모 흉복자식지 식부판자 유성찬 필변색이작 신뢰풍렬 필변

주 1 必貌 : 관리를 존경하고 불구자를 가엾게 여기는 마음에서 예모를 갖춘 것이다. 2 凶服者式… : 국민을 존중하는 뜻의 표현이다. 3 有盛饌必變色而作 : 주인에 대한 경의의 표시이다.

17. 수레에 오르실 때에는 반드시 바르게 서서 손잡이를 잡으셨다.¹ 수레 안에서는 뒤를 돌아다보지 않으셨고, 말씀을 빨리 하지 않으셨고, 직접 손가락질하지 않으셨다.

升車 必正立 執綏. 車中不內顧 不疾言 不親指.
승거 필정립 집수   거중불내고 불질언 불친지

주 1 升車必正立執綏 : 수레를 탈 적에 수레가 높았기 때문에 디딤대를 놓고 손잡이를 잡고 수레에 올랐다.

18. (공자께서 제자들과 산길을 갈 때) 새들이 기색을 살피고 훌쩍 날아올랐다가 다시 내려와 앉았다. 공자께서 이를 보시고, "산간 다리목의 까투리들은 때를 만났구나, 때를 만났어![1]"라고 말씀하셨다. 자로子路가 함께 구경하려고 다가가자, 꿩들은 세 번 활개를 치고서는 어디론가 날아가버렸다.

色斯擧矣 翔而後集. 曰 山梁雌雉 時哉時哉! 子路共之 三嗅
색 사 거 의 상 이 후 집   왈 산 량 자 치 시 재 시 재   자 로 공 지 삼 후
而作.
이 작

주 1 山梁雌雉… : 오늘날의《시경詩經》에는 없는 일시逸詩.

해설 이 장章은 해석에 이설異說이 많다. 꿩이 때와 장소를 잘 가려서 거취去就를 민첩하게 함을 공자孔子가 감탄한 것이다. 자로子路가 꿩을 구경하려고 하자 꿩은 위협을 느껴서 달아나버린 것이다.

제11편

선先진進

1. 공자孔子께서 말씀하셨다.

"선대先代들은 예악禮樂에 있어서 야인野人과 같았고, 후대後代들은 예악에 있어서 군자와 같았다.¹ 만약에 내가 예악을 쓰게 된다면 나는 선대들을 따르겠다."

子曰 先進於禮樂 野人也, 後進於禮樂 君子也. 如用之 則吾從
자왈 선진어예악 야인야 후진어례악 군자야 여용지 즉오종
先進.
선 진

주 1先進…: 선대先代라 함은 주周나라 초의 사람들을 말하고, 후대라 함은 주나라 말의 사람들을 말함. 야인野人이라 함은 벼슬을 안 한 평민으로 소박하기는 하되 거친 사람을 뜻하고, 군자君子라 함은 수련을 쌓은 모습은 아름답지만 형식적인 데가 있는 사람을 뜻한다. 또는 "예악禮樂을 미리(벼슬하기 전에) 습득하는 자는 평민이고, 예악을 뒤에 가서 습득하는 자는 군자다"라고 풀이하기도 한다.

2. 공자孔子께서 말씀하셨다.

"진陳나라와 채蔡나라에서 나를 따르던 사람들이 모두 내 문하에 남아 있지 않구나¹!" 덕행에 뛰어났던 자는 안연顔淵·민자건閔子騫·염백우冉伯牛 및 중궁仲弓이고, 언변이 뛰어났던 자는 재아宰我와 자공子貢이고, 정사政事에 뛰어났던 자는 염유冉由와 계로季路고, 학문에 뛰어났던 자는 자유子游와 자하子夏였다.

子曰 從我於陳蔡者 皆不及門也. 德行 顔淵 · 閔子騫 · 冉伯
자왈 종아어진채자 개불급문야 덕행 안연 민자건 염백
牛仲弓, 言語 宰我 · 子貢, 政事 冉由 · 季路, 文學 子游 · 子夏.
우중궁 언어 재아 자공 정사 염유 계로 문학 자유 자하

주 1 不及門 : '벼슬의 문에는 미치지 못하였었다'고 풀이하기도 한다.

해설 '덕행德行에…'의 이하以下는 편자가 당시 공자孔子를 추종하던 문인門人을 뒤에 가서 보충하여 기록한 것이다. 여기 나타난 덕행德行 · 언어言語 · 정사政事 · 문학文學을 공문사과孔門四科라 하고, 또 여기에 열거된 열 사람을 공문孔門의 십철十哲이라고 한다. 그러나 십철은 진陳 · 채蔡에서 공자孔子를 추종한 제자만을 말한 것이지, 공자의 최고 제자 열 사람을 의미하는 것은 아니다. 그 도통道統을 전한 증자曾子 같은 이가 여기 포함되어 있지 않은 것만으로도 이를 넉넉히 알 수 있다.

3. 공자孔子께서 말씀하셨다.
"회回는 나를 도와주는 사람이 아니다. 내가 하는 말에 대해서 기뻐하지 않는 것이 없었다."

子曰 回也 非助我者也. 於吾言 無所不說.
자왈 회야 비조아자야 어오언 무소불열

4. 공자孔子께서 말씀하셨다.

"효성스럽도다, 민자건閔子騫¹이여! 사람들이 그의 부모와 형제들이 그를 칭찬하는 말에 이의를 제기하지 못할 것이다.²"

子曰 孝哉 閔子騫! 人不間於其父母昆弟之言.
자 왈 효 재 민 자 건   인 불 간 어 기 부 모 곤 제 지 언

주 1 閔子騫 : 민손閔損의 자字가 자건子騫. 공자孔子는 제자들의 이름을 부르되 자字를 부르지 않았는데, 여기서 자를 부른 것은 세상 사람의 말을 그대로 따른 것이다. 혹은 민자건閔子騫의 문인門人에 의해서 편찬된 것이라고도 한다. 2 人不間於… : 민자건의 서모庶母와 그녀의 아들 서제庶弟, 두 사람은 그를 냉대했으나 그의 지극한 효성에 감동하여 마침내 서모庶母가 선善하게 되었다. 그러므로 그의 부모 형제가 그의 효성을 칭찬하는 말에 남이 이의를 제기할 리가 없었던 것이다.

5. 남용南容이 백규白圭¹의 시구詩句를 세 번 되풀이해서 외자, 공자께서는 자기 형의 딸을 그의 아내로 주셨다.²

南容三復白圭. 孔子以其兄之子妻之.
남 용 삼 복 백 규   공 자 이 기 형 지 자 처 지

주 1 白圭 : 《시경詩經》 대아大雅 억편抑篇의 제5장 "흰 옥의 흠은 갈아서 없앨 수가 있으나, 말의 흠은 그렇게 할 수도 없네(白圭之玷 尙可磨也, 斯言之玷 不可爲也)"라고 한 시의 구절. 2 其兄… : 말을 삼가서 하려고 하는 남용南容의 태도를 좋게 보았기 때문이다. '백규白圭'가 담고 있는 뜻을 깊이 음미하고 이를 중요시하고 있는 태도.

제11편 선진先進 183

6. 계강자季康子가 제자들 중에서 누가 배우기를 좋아하는가를 묻자, 공자孔子께서 대답하셨다.

"안회顔回라는 사람이 있어 배우기를 좋아하였는데 불행하게도 단명하여 죽었습니다. 지금은 그런 사람이 없습니다."

季康子問 弟子孰爲好學? 孔子對曰 有顔回者好學 不幸短命
계 강 자 문   제 자 숙 위 호 학   공 자 대 왈   유 안 회 자 호 학   불 행 단 명
死矣. 今也則亡.
사 의   금 야 즉 무

7. 안연顔淵이 죽자 안로顔路¹가 공자孔子의 수레를 팔아서 덧관을 마련하자고 청하니, 공자께서 말씀하셨다.

"재주가 있든 없든 역시 각기 자기 자식을 위하여 말하게 마련이오. (내 아들) 이鯉²가 죽었을 때도 관棺만을 쓰고 덧관은 쓰지 않았소이다. 내가 걸어다니면서까지 수레를 팔아서 덧관을 마련하지는 않겠소이다. 나도 대부大夫의 뒷자리에 있는 자이므로 걸어서 다닐 수는 없소이다."

顔淵死 顔路請子之車以爲之槨 子曰 才不才 亦各言其子也. 鯉
안 연 사   안 로 청 자 지 거 이 위 지 곽   자 왈   재 부 재   역 각 언 기 자 야   리
也死 有棺而無槨. 吾不徒行以爲之槨 以吾從大夫之後 不可
야 사   유 관 이 무 곽   오 부 도 행 이 위 지 곽   이 오 종 대 부 지 후   불 가
徒行也.
도 행 야

주 1 顔路 : 안연顔淵의 아버지. 공자孔子의 문인門人이며, 공자보다 6세 연하

였다. 2 鯉 : 공자의 아들. 자字는 백어伯魚. 공자가 69세 때 죽음. 이 장章 이후 3장에 걸쳐서 안회顔回의 죽음을 중심으로 사제 간의 애정이 잘 표현되어 있다.

8. 안연顔淵이 죽자 공자孔子께서 말씀하셨다.
"아! 하늘이 나를 망치는구나, 하늘이 나를 망치는구나!"

顔淵死 子曰 噫! 天喪予, 天喪予!
안 연 사 자 왈 희   천 상 여   천 상 여

주 1 天喪予 : 공자孔子는 안회顔回를 통해서 그의 도道를 천하에 전하고자 했으므로 이러한 말을 한 것이다.

9. 안연顔淵이 죽자 공자孔子께서는 통곡하셨다. 따라갔던 사람이 말했다.
"선생님 통곡이 지나치십니다."
공자께서 말씀하셨다.
"내가 통곡이 지나치다고? 이 사람을 위해 통곡하지 않으면 누구를 위해 통곡하겠는가?"

顔淵死 子哭之慟. 從者曰 子慟矣. 曰 有慟乎? 非夫人之爲慟
안 연 사 자 곡 지 통   종 자 왈   자 통 의   왈 유 통 호   비 부 인 지 위 통
而誰爲?
이 수 위

10. 안연顔淵이 죽자 문인들이 그를 성대하게 장사 지내려고 하니, 공자孔子께서는 "안 된다"고 말씀하셨다.

그래도 문인들이 성대하게 장사 지내주자, 공자께서 말씀하셨다.

"회回는 나를 아버지같이 대하였는데, 나는 그를 자식같이 대하지 못하였다. 그렇게 된 것은 나 때문이 아니고 너희들 때문이다.[1]"

顔淵死 門人欲厚葬之 子曰 不可. 門人厚葬之 子曰 回也 視
안연사 문인욕후장지 자왈 불가 문인후장지 자왈 회야 시
予猶父也 予不得視猶子也. 非我也 夫二三子也.
여유부야 여부득시유자야 비아야 부이삼자야

주 1 非我也… : 깊은 애정 속에서도 분分을 문란케 하지 않으려는 공자孔子의 태도가 나타나 있다. 집안이 빈곤한데도 후장厚葬한다는 것은 분에 맞지 않는 것인데, 공자는 자기 주장대로 장사 지내지 못한 것이다.

11. 계로季路가 귀신을 섬기는 일에 대해서 물어보자, 공자孔子께서 말씀하셨다.

"사람도 제대로 섬기지 못하는데 어찌 귀신을 섬길 수 있겠느냐?"

계로가 감히 죽음에 대해서 물어보자, 공자께서 말씀하셨다.

"삶도 잘 알지 못하는데 어찌 죽음을 알겠느냐?"

季路問事鬼神 子曰 未能事人 焉能事鬼? 曰 敢問死. 曰 未知生
계로문사귀신 자왈 미능사인 언능사귀 왈 감문사 왈 미지생

焉知死.
_{언 지 사}

해설 공자孔子는 인간을 존중하되 현실적 인간의 삶을 중요시하였던 것이다.

12. 민자건閔子騫은 공자孔子를 모시고 있을 적에 그 태도가 공손했고, 자로子路는 강직剛直했고, 염유冉由와 자공子貢은 온화하였으므로 공자께서는 즐거워하셨다. 그리고 "유由 같은 사람은 제 명대로 못 살 것이다"고 하셨다.

閔子侍側 誾誾如也, 子路 行行如也, 冉由 · 子貢 侃侃如也, 子
_{민 자 시 측 은 은 여 야　자 로　행 행 여 야　염 유　　자 공　간 간 여 야　자}
樂. 若由也 不得其死然.
_{락　약 유 야　부 득 기 사 연}

13. 노魯나라 사람이 장부長府[1]를 지으려 하자, 민자건閔子騫이 말했다.

"옛것을 그대로 쓰면 어떠한가? 무엇하러 다시 지으려 하는가?"

공자孔子께서 말씀하셨다.

"그 사람은 말을 잘 안 하지만, 말을 하게 되면 꼭 사리에 맞는다."

魯人爲長府 閔子騫曰 仍舊貫 如之何? 何必改作? 子曰 夫人
_{노 인 위 장 부　민 자 건 왈　잉 구 관　여 지 하　　하 필 개 작　자 왈 부 인}

不言 言必有中.
불 언 언 필 유 중

주 1 長府 : 임금의 재화財貨를 넣어두는 건물.

14. 공자孔子께서 말씀하셨다.

"유由(자로)의 슬瑟을 어찌 내 집에서 연주할 수 있겠느냐.[1]"

이리하여 문인門人들은 자로子路를 존경하지 않게 되었다.

공자께서 말씀하셨다.

"유由는 대청에는 올라섰지만, 아직 방 안에 들어오지 못했을 뿐이다.[2]"

子曰 由之瑟 奚爲於丘之門? 門人不敬子路. 子曰 由也升堂矣.
자 왈 유 지 슬 해 위 어 구 지 문   문 인 불 경 자 로   자 왈 유 야 승 당 의
未入於室也.
미 입 어 실 야

주 1 由之瑟… : 자로子路는 성질이 강용했기 때문에 그가 타는 거문고 소리도 살벌하고 거칠었다. 2 由也升堂… : 자로의 학문이 완전하지는 못하지만 발군拔群한 것임을 깨우쳐주었다.

15. 자공子貢이 사師[1]와 상商[2]은 누가 더 현명한가를 물어보자, 공자孔子께서 말씀하셨다.

"사師는 지나치고, 상商은 모자란다."

다시 자공이 "그러면 사師가 낫습니까?"고 물어보자, 공자께서 말씀하셨다.

"지나친 것은 모자란 것과 같다."

子貢問 師與商也 孰賢. 子曰 師也過 商也不及. 曰 然則師愈
자공문 사여상야 숙현   자왈 사야과 상야불급   왈 연즉사유
與. 子曰 過猶不及.
여   자왈 과유불급

주 1 師 : 전손사顓孫師, 자字는 자장子張. 진陳나라 사람. 공자孔子보다 48세 연하였다. 2 商 : 복상卜商, 자字는 자하子夏. 공자보다 44세 연하였다.

16. 계씨季氏는 주공周公보다 부유한데도 구求¹는 그를 위해서 조세를 거두어 모아서 그의 재산을 더 늘려주었다.

공자孔子께서 말씀하셨다.

"그는 나의 제자가 아니다. 너희들은 북을 치면서 그를 성토해도 좋다."

季氏富於周公 而求也爲之聚斂而附益之. 子曰 非吾徒也!
계씨부어주공   이구야위지취렴이부익지   자왈 비오도야
小子鳴鼓而攻之可也.
소자명고이공지가야

주 1 求 : 염구冉求. 그는 계씨季氏네 가재家宰로 일했었다.

17. 시柴¹는 어리석고, 삼參은 둔하고, 사師는 형식적이고, 유由는 거칠다.

柴也愚 參也魯 師也辟 由也喭.
시 야 우 삼 야 노 사 야 벽 유 야 언

주 1柴 : 공자孔子의 문인門人. 성은 고高, 이름은 시柴, 자字는 자고子羔. 공자보다 30세 연하였다.

18. 공자孔子께서 말씀하셨다.

"회回는 도道에 거의 가깝게 도달했으나, 쌀통이 자주 비어 있었다. 사賜는 운명을 받아들이지 않고¹ 재물을 늘였는데, 그의 예측은 자주 적중했다."

子曰 回也其庶乎 屢空. 賜不受命 而貨殖焉 億則屢中.
자 왈 회 야 기 서 호 누 공   사 불 수 명 이 화 식 언 억 즉 누 중

주 1不受命 : '가르침을 받아들이지 않다'라고 풀이하기도 한다.

19. 자장子張이 선한 사람이 지녀야 할 도리에 대해서 물어보자, 공자孔子께서 말씀하셨다.

"옛 성현聖賢의 발자취를 따르지 않으면, 역시 훌륭한 경지에 들어가지 못한다."

子張問善人之道 子曰 不踐迹 亦不入於室.
자 장 문 선 인 지 도 자 왈 불 천 적 역 불 입 어 실

해설 선한 사람은 성현聖賢의 발자취를 따라서 어려운 도道를 하나하나 실천해나가려 하지 않으면, 성현만이 아는 지극한 오의奧義를 터득함에 이르지도 못한다.

20. 공자孔子께서 말씀하셨다.
"말하는 것이 독실하여 그를 찬성하지만, 그것만으로 그가 군자다운 사람인지, 외모만 장중한 사람인지 알 수 없다."

子曰 論篤是與 君子者乎? 色莊者乎?
자 왈 논 독 시 여 군 자 자 호   색 장 자 호

21. 자로子路가 "들은 것은 곧 실행해야 합니까" 하고 물어보자, 공자孔子께서 말씀하셨다.
"부형이 계시는데 어떻게 들은 것을 바로 실행할 수 있겠느냐?"
염유冉由가 물었다.
"들은 것은 곧 실행해야 합니까?"
공자께서 말씀하셨다.
"들은 것은 곧 실행해야 한다."
공서화公西華가 말씀드렸다.

"유由가 '들은 것은 곧 실행해야 합니까' 물었을 적에는 선생님께서는 '부형이 계시다'고 말씀하시고, 구求가 '들은 것은 곧 실행해야 합니까' 하고 물었을 적에는 선생님께서는 '들은 것은 곧 실행해야 한다'라고 말씀하셨습니다. 저는 도무지 모르겠기에 감히 그 까닭을 물어보고자 합니다."

공자께서 말씀하셨다.

"구求는 소극적이기 때문에 그를 적극적으로 나아가도록 해준 것이고, 유由는 남을 이기려 하기 때문에 뒤로 물러서도록 해준 것이다."

子路問 聞斯行諸? 子曰 有父兄在 如之何其聞斯行之? 冉由問
자로문 문사행저 자왈 유부형재 여지하기문사행지 염유문
聞斯行諸? 子曰 聞斯行之. 公西華曰 由也問聞斯行諸 子曰有
문사행저 자왈 문사행지 공서화왈 유야문문사행저 자왈유
父兄在 求也問聞斯行諸 子曰聞斯行之. 赤也惑 敢問. 子曰
부형재 구야문문사행저 자왈문사행지 적야혹 감문 자왈
求也退 故進之, 由也兼人 故退之.
구야퇴 고진지 유야겸인 고퇴지

해설 공자孔子의 교육 방법은 피교육자의 특성에 따라 응병시약적應病施藥的인 것으로 개별적이고 개성적인 것이었다.

22. 공자孔子께서 광匡¹ 땅에서 위난危難을 당했을 때, 안연顔淵이 뒤늦게 오자, 공자께서 말씀하셨다.

"나는 네가 죽은 줄 알았다."

안연은 말씀드렸다.

"선생님께서 계신데 제가 어찌 감히 죽겠습니까?"

子畏於匡 顔淵後 子曰 吾以女爲死矣. 曰 子在 回何敢死?
자외어광 안연후 자왈 오이여위사의 왈 자재 회하감사

주 1匡 : 자한편子罕篇 제5장 참조.

23. 계자연季子然[1]이 물어보았다.

"중유仲由와 염구冉求는 누가 훌륭한 신하라 말할 수 있습니까?"

공자孔子께서 말씀하셨다.

"나는 당신이 이상한 질문을 한다고 생각합니다. 기껏 유由와 구求에 대해서 물어보는 것입니까? 이른바 훌륭한 신하란 정도正道로서 임금을 섬기다가 그것이 불가능하면 그만둡니다. 이제 유와 구는 신하의 자리나 채우는 사람들이라고 말할 수 있습니다."

이에 계자연이 물었다.

"그러면, 임금이 하고자 하는 대로 따라가는 사람들입니까?"

공자께서 말씀하셨다.

"아비와 임금을 죽이는 것 같은 짓은 따르지 않을 것입니다.[2]"

季子然問 仲由·冉求 可謂大臣與? 子曰 吾以子爲異之問 曾
계자연문 중유 염구 가위대신여 자왈 오이자위이지문 증
由與求之問. 所謂大臣者 以道事君 不可則止. 今由與求也 可
유여구지문 소위대신자 이도사군 불가즉지 금유여구야 가

제11편 선진先進 193

謂具臣矣. 曰 然則從之者與? 子曰 弑父與君 亦不從也.
위구신의 왈 연즉종지자여 자왈 시부여군 역부종야

주 1 季子然 : 노魯나라의 대부大夫인 계호자季乎子의 자제子弟. 중유仲由와 염구冉求는 가신家臣이 되어 있었다. 2 弑父與君… : 계씨季氏의 무도함을 풍자한 것이다.

24.
자로子路가 자고子羔로 하여금 비費의 읍재邑宰를 시키려고 하자, 공자孔子께서 말씀하셨다.

"남의 자식을 해치는구나.¹"

자로子路가 말씀드렸다.

"그곳에도 백성들이 있고 사직社稷²이 있는데, 어찌 꼭 책을 읽은 연후에만 공부를 했다고 하겠습니까?"

공자께서 말씀하셨다.

"이래서 말 잘 둘러대는 사람을 미워하는 것이다.³"

子路使子羔爲費宰. 子曰 賊夫人之子! 子路曰 有民人焉 有社
자로사자고위비재 자왈 적부인지자 자로왈 유민인언 유사
稷焉 何必讀書然後爲學? 子曰 是故惡夫佞者.
직언 하필독서연후위학 자왈 시고오부녕자

주 1 賊夫人之子 : 학문에 숙달하기 전에 정사政事를 맡게 되었기 때문이다. 2 社稷 : 국가國家를 말함. 3 是故吾夫佞者 : 백성이나 국가를 다스리는 실제적인 일을 통해서 인격을 수련해갈 수 있는 한, 독서만이 학문·수양의 길이 아니라고 그럴듯하게 둘러댐으로써 사실상 학문·수양을 돌보지 않고 벼슬살이를 합리화하고 있는 것을 못마땅하게 생각한 것이다.

25. 자로子路¹와 증석曾晳²과 염유冉由³와 공서화公西華⁴가 공자孔子를 모시고 앉아 있었다. 공자께서 말씀하셨다.

"내가 너희들보다 조금 나이가 많지만 염두에 두지 마라. 평소에 '자신을 알아주지 않는다'고 말하는데, 만약 누군가가 너희들을 알아준다면 어떻게 하겠느냐?"

자로가 벌떡 일어나서 이렇게 대답했다.

"천승千乘의 나라로 큰 나라의 틈에 끼여 군대의 침략을 당하고 있고, 거기다 기근饑饉까지 겹쳤다 하더라도 제가 그 나라를 다스려서 거의 3년이면 그 나라 사람들을 용감하게 만들고, 또 바른길을 알도록 하겠습니다."

공자께서 이 말을 들으시고 웃으셨다.

"구求야, 너는 어떠하냐?"

이에 염유가 대답했다.

"사방이 육칠십 리나 오륙십 리 되는 곳을 제가 다스려서 거의 3년이면 백성을 풍족하게 해줄 수 있을 것입니다. 예악禮樂에 관한 일은 다른 군자의 힘을 빌려야 할 것 같습니다."

공자께서 말씀하셨다.

"적赤아, 너는 어떠하냐?"

공화서가 대답했다.

"잘 해낼 수 있다고 말씀드리는 것이 아니라, 다음과 같이 할 수 있도록 배우고 싶습니다. 종묘宗廟의 제사와 제후들의 회동 같은 때에 현단玄端⁵과 장보관章甫冠⁶을 착용하고 작은 소임을 맡고 싶습니다."

공자께서 말씀하셨다.

"점點아, 너는 어떠하냐?"

점은 타던 슬瑟을 멈추고서 그것을 옆으로 밀쳐놓고 일어나서 대답했다.

"저는 세 사람의 생각과 다릅니다."

공자께서 말씀하셨다.

"아무 염려할 것 없다. 각기 제 뜻을 말한 것이다."

점은 이렇게 답했다.

"늦은 봄에 봄옷이 다 만들어지면 어른 대여섯 명과 아이들 육칠 명과 함께 기수沂水[7]에서 목욕하고 무우舞雩[8]에서 바람을 쏘인 다음, 노래를 읊조리며 돌아오겠습니다."

선생님께서는 깊이 탄식하시고 말씀하셨다.

"나는 점의 말에 찬동한다."

세 사람은 나가고 증석曾晳이 뒤에 남아 있었다. 증석이 여쭈어보았다.

"저 세 사람의 말은 어떠합니까?"

공자께서 말씀하셨다.

"다만 각기 제 뜻을 말했을 따름이다."

증석이 여쭈어보았다.

"선생님께서 왜 유의 말을 듣고 웃으셨습니까?"

공자께서 말씀하셨다.

"나라를 다스리는 데는 예를 가지고 하는 것인데, 그 사람의 말에 겸양함이 없기에 웃은 것이다."

"구의 경우는 나라를 다스리는 게 아니잖습니까?"

"어찌 사방 육칠십 리나 오륙십 리 되는 곳인데, 나라를 다스리는 게 아닐 수 있겠느냐?"

"적의 경우는 나라를 다스리는 게 아니겠지요?"

"종묘의 일과 제후의 회동이 제후국의 일이 아니고 무엇이겠느냐? 적이 하고자 하는 일이 작다면, 누가 큰일을 한다고 할 수 있겠느냐?"

子路·曾晳·冉由·公西華侍坐. 子曰 以吾一日長乎爾 毋吾以
자로 증석 염유 공서화시좌 자왈 이오일일장호이 무오이
也. 居則曰 不吾知也 如或知爾 則何以哉? 子路率爾而對曰
야 거즉왈 불오지야 여혹지이 즉하이재 자로솔이이대왈
千乘之國 攝乎大國之間 加之以師旅 因之以饑饉 由也爲之
천승지국 섭호대국지간 가지이사려 인지이기근 유야위지
比及三年 可使有勇 且知方也. 夫子哂之. 求, 爾何如? 對曰 方
비급삼년 가사유용 차지방야 부자신지 구 이하여 대왈 방
六七十 如五六十 求也爲之 比及三年 可使足民. 如其禮樂 以
육칠십 여오륙십 구야위지 비급삼년 가사족민 여기례악 이
俟君子. 赤, 爾何如? 對曰 非曰能之 願學焉. 宗廟之事 如會同
사군자 적 이하여 대왈 비왈능지 원학언 종묘지사 여회동
端章甫 願爲小相焉. 點, 爾何如? 鼓瑟希 鏗爾 舍瑟而作 對曰
단장보 원위소상언 점 이하여 고슬희 갱이 사슬이작 대왈
異乎三子者之撰. 子曰 何傷乎? 亦各言其志也. 曰 莫春者 春
이호삼자자지찬 자왈 하상호 역각언기지야 왈 모춘자 춘
服旣成 冠者五六人 童子六七人 浴乎沂 風乎舞雩 詠而歸. 夫
복기성 관자오륙인 동자육칠인 욕호기 풍호무우 영이귀 부
子喟然歎曰 吾與點也. 三子者出 曾晳後. 曾晳曰 夫三子者
자위연탄왈 오여점야 삼자자출 증석후 증석왈 부삼자자
之言何如? 子曰 亦各言其志也已矣. 曰 夫子何哂由也. 曰 爲
지언하여 자왈 역각언기지야이의 왈 부자하신유야 왈 위
國以禮 其言不讓 是故哂之. 唯求則非邦也與? 安見方六七十
국이례 기언불양 시고신지 유구즉비방야여 안견방육칠십

如五六十而非邦也者? 唯赤則非邦也與? 宗廟會同 非諸侯而
여 오 륙 십 이 비 방 야 자   유 적 즉 비 방 야 여   종 묘 회 동   비 제 후 이
何? 赤也爲之小 孰能爲之大.
하   적 야 위 지 소   숙 능 위 지 대

주 1 子路 : 이름은 유由. 2 曾晳 : 증삼曾參의 아버지. 이름은 점點. 3 冉由 : 이름은 구求. 4 公西華 : 이름은 적赤. 5 玄端 : 정식 예복. 6 章甫冠 : 예모禮帽의 이름. 7 沂水 : 노魯나라의 성남城南을 흐르던 시내 이름으로 주변에 온천이 있었다고 함. 8 舞雩 : 기우제를 지내던 곳인데 당시에는 수목도 있어 풍치가 좋은 곳이었다.

제12편

안顔연淵

1. 안연顏淵이 인仁에 대해서 물어보자, 공자孔子께서 말씀하셨다.

"자기를 극복하고 예禮로 돌아가는 것이 인이다.[1] 하루라도 자기를 극복하고 예로 돌아가면, 천하가 인으로 돌아오게 될 것이다. 인을 행하는 것이 자기에게서 비롯되는 것이지 어찌 남에게서 비롯되겠느냐?"

안연이 말했다.

"그 조목條目을 말씀해주시면 좋겠습니다."

공자께서 말씀하셨다.

"예禮가 아니면 보지 말며, 예禮가 아니면 듣지 말며, 예禮가 아니면 말하지 말며, 예禮가 아니면 행동하지 마라."

안연이 말했다.

"제가 비록 불민하오나, 이 말씀을 받아들여 실천하도록 하겠습니다."

顏淵問仁 子曰 克己復禮爲仁. 一日克己復禮 天下歸仁焉. 爲
안연문인 자왈 극기복례위인 일일극기복례 천하귀인언 위
仁由己 而由人乎哉? 顏淵曰 請問其目. 子曰 非禮勿視 非禮
인유기 이유인호재 안연왈 청문기목 자왈 비례물시 비례
勿聽 非禮勿言 非禮勿動. 顏淵曰 回雖不敏 請事斯語矣.
물청 비례물언 비례물동 안연왈 회수불민 청사사어의

주 1 克己復禮… : 자기를 극복한다 함은 자기 사리사욕을 극복한다는 뜻이고, 비본래적인 자기 또는 소아小我를 초극한다는 의미가 된다. '예禮'는 겸양을 원리로 하는 자율적인 사회적 행동 규범이며, '인仁'의 실현 태도實現態度 또는 실천 방법이라고 볼 수 있는 것이다.

2. 중궁仲弓이 인仁에 대해서 물어보자, 공자孔子께서 말씀하셨다.

"집 문을 나서서 사람을 대할 때에는 큰 손님을 대하듯이 하고,¹ 백성을 부릴 때에는 큰 제사를 받드는 것같이 하고, 자기가 바라지 않는 일은 남에게 행하지 말아야 한다. 그렇게 한다면 나라 일에 있어서도 원망이 없을 것이고, 집안 일에 있어서도 원망이 없을 것이다."

중궁이 말했다.

"제가 불민하오나, 이 말씀을 받들어 실천하도록 하겠습니다."

仲弓問仁 子曰 出門如見大賓 使民如承大祭, 己所不欲 勿施
중궁문인 자왈 출문여견대빈 사민여승대제 기소불욕 물시
於人 在邦無怨 在家無怨. 仲弓曰 雍雖不敏 請事斯語矣.
어인 재방무원 재가무원 중궁왈 옹수불민 청사사어의

주 1 出門如見大賓 : 집에서 나와 남을 대할 때는 큰손님, 즉 높은 지위의 손님을 대하듯 공손하게 해야 한다는 뜻.

3. 사마우司馬牛[1]가 인仁에 대해서 물어보자, 공자孔子께서 말씀하셨다.

"인仁한 사람은 말하는 것을 어려워한다."

사마우가 다시 물었다.

"말하는 것을 어려워한다면 곧 그가 인仁하다고 할 수가 있겠습니까?"

공자께서 말씀하셨다.

"실천하기 어려운 일이라면, 그것을 말하는 것이 어찌 어렵지 않겠느냐?"

司馬牛問仁 子曰 仁者 其言也訒. 曰 其言也訒 斯謂之仁矣乎?
사 마 우 문 인 자 왈 인 자 기 언 야 인 왈 기 언 야 인 사 위 지 인 의 호
子曰 爲之難 言之得無訒乎?
자 왈 위 지 난 언 지 득 무 인 호

주 1 司馬牛 : 공자孔子의 문인. 송宋나라 환퇴桓魋의 아우. 이름은 리犁 또는 경耕, 자字는 자우子牛.

4. 사마우司馬牛가 군자君子에 대해서 물어보자, 공자孔子께서 말씀하셨다.

"군자는 근심하지도 않고 두려워하지도 않는다."

사마우가 다시 물었다.

"근심하지도 않고 두려워하지도 않으면 곧 군자라 해도 좋습니까?"

공자께서 말씀하셨다.

"스스로 반성해보고 잘못이 없는데, 무엇을 근심하고 무엇을 두려워하겠느냐?"

司馬牛問君子 子曰 君子不憂不懼. 曰 不憂不懼 斯爲之君子
사 마 우 문 군 자 자 왈 군 자 불 우 불 구 왈 불 우 불 구 사 위 지 군 자
矣乎? 子曰 內省不疚 夫何憂何懼?
의 호 자 왈 내 성 불 구 부 하 우 하 구

제12편 안연顔淵 203

5. 사마우司馬牛가 근심스러운 표정으로 말했다.

"남들은 모두 형제가 있는데 나만 없다!¹"

자하子夏가 말했다.

"내가 듣기로는 '죽고 사는 것은 운명運命에 달려 있고, 부귀富貴는 하늘에 달려 있다'고 하였소. 군자는 공경히 행동하여 실수하는 일이 없고, 남에게 공손하고 예의가 있으면 온 세상 사람들이 모두가 형제들이오. 군자가 어찌 형제 없는 것을 근심하겠소."

司馬牛曰 人皆有兄弟 我獨亡. 子夏曰 商聞之矣 死生有命 富
사 마 우 왈   인 개 유 형 제   아 독 망   자 하 왈   상 문 지 의   사 생 유 명   부
貴在天. 君子敬而無失 與人恭而有禮 四海之內 皆兄弟也.
귀 재 천   군 자 경 이 무 실   여 인 공 이 유 례   사 해 지 내   개 형 제 야
君子何患乎無兄弟也?
군 자 하 환 호 무 형 제 야

주 1 人皆有兄弟… : 사마우司馬牛의 형은 환퇴桓魋였는데, 공자孔子를 살해하려고 했다. 사마우司馬牛가 죽을 때에도(기원전 48년) 세 사람의 형제가 있었지만 형제 없는 것과 같은 심정을 갖게 된 것은 환퇴桓魋 때문이었다.

6. 자장子張이 명석한 것에 대해서 물어보자, 공자孔子께서 말씀하셨다.

"은연중에 스며들어오는 참언讒言과 피부에 와 닿는 탄원歎願을 그대로 받아들여서 처리하지 않는다면 명석하다고 할 수가 있다. 은연중에 스며들어오는 참언과 피부에 와 닿는 탄원을 그대로 받아들여서 행하지 않는다면 멀리 내다본다고 말할 수 있을 것이다."

子張問明 子曰 浸潤之譖 膚受之愬 不行焉 可謂明也已矣.
자장문명 자왈 침윤지참 부수지소 불행언 가위명야이의
浸潤之譖 膚受之愬 不行焉 可謂遠也已矣.
침윤지참 부수지소 불행언 가위원야이의

7. 자공子貢이 정치에 대해서 물어보자, 공자孔子께서 말씀하셨다.

"식량을 넉넉하게 비축하고, 무기를 충분히 갖추고, 백성들이 믿도록 하는 것이다."

자공子貢이 다시 물었다.

"부득이 꼭 한 가지를 버려야 한다면, 이 세 가지 중에 무엇을 먼저 버리시겠습니까?"

공자께서 말했다.

"무기를 버린다."

다시 자공이 물었다.

"부득이하여 꼭 한 가지를 버려야 한다면, 남은 이 두 가지 중에 무엇을 먼저 버리시겠습니까?"

공자께서 말씀하셨다.

"식량을 버린다. 옛날부터 모든 사람에게 죽음은 있던 것이나, 백성들이 믿지 않는다면 나라가 존립할 수 없는 것이다."

子貢問政 子曰 足食足兵 民信之矣. 子貢曰 必不得已而去 於
자공문정 자왈 족식족병 민신지의   자공왈 필부득이이거 어
斯三者何先? 曰 去兵. 子貢曰 必不得已而去 於斯二者何先?
사삼자하선   왈 거병 자공왈 필부득이이거 어사이자하선
曰 去食. 自古皆有死 民無信不立.
왈 거식 자고개유사 민무신불립

제12편 안연顔淵 205

해설 정치에서 중요시해야 할 것은 경제·국방·교육이라고 그 중요성에 따라 말하고, 그러나 다시 인간적인 가치적 입장에서 따져보아 교육·경제·국방 순順으로 말한 것이다. 사람의 사람다운 소이는 그 정신적 생명에 있으며, '식食'은 육체적인 생명을 보전하는 조건이 될 따름이기에 '신信'보다 중요시하지 않았다. '신信'이란 곧 성실성誠實性의 표현이요, 인간의 양심 그것이다. 공자孔子는 물질적인 것을 중요시하되, 그러나 그것보다 더 중요한 것이 정신적인 것이라고 생각하고 여기에 인간적인 생명과 가치를 인정한 것이다. 인간의 성실성이나 양심과 같은 것은 교육에 의해서 개발될 수 있는 것이므로 '신信'을 가장 중요시한 것은 '교육敎育'을 중시한 것이라고 할 것이다.

8. 극자성棘子成¹이 말했다.
"군자는 바탕이 중요하지, 꾸밈이 무엇이 필요합니까?²"
자공子貢이 말했다.
"애석합니다! 선생이 군자에 대해 말씀하신 것은, 네 마리 말이 끄는 수레로도 혀는 따라갈 수가 없습니다.³ 꾸밈도 바탕과 같이 중요하고, 바탕도 꾸밈과 같이 중요합니다.⁴ 호랑이와 표범의 털 뽑은 가죽이나 개와 양羊의 털 뽑은 가죽이나 같은 것입니다."

棘子成曰 君子質而已矣 何以文爲? 子貢曰 惜乎! 夫子之說君
극 자 성 왈 군 자 질 이 이 의 하 이 문 위   자 공 왈 석 호   부 자 지 설 군

子也 駟不及舌. 文猶質也 質猶文也. 虎豹之鞹 猶犬羊之鞹.
자야 사불급설 문유질야 질유문야 호표지곽 유견양지곽

주 1 棘子成: 위衛나라의 대부大夫. 2 質·文: '질質'은 바탕, 자연성. '문文'은 꾸밈, 후천적인 학문·수양, 즉 문화성 또는 교양성. 3 駟不及舌: 실언한 것은 원상으로 되돌리지 못한다는 뜻. 4 文猶質也…: 자공子貢은 인간의 자연성과 교양성을 함께 중요시하고 있다.

9. 애공哀公이 유약有若에게 물었다.
"흉년이 들어서 비용이 부족하니 어찌 하면 좋겠습니까?"
유약이 대답했다.
"어찌 1할割의 세稅를 거두는 철徹을 행하지 않습니까?"
이에 애공이 말했다.
"2할의 세로도 나는 부족한데, 1할割의 세를 가지고 어떻게 하겠소?"
유약은 이렇게 답했다.
"백성들이 풍족하다면 임금이 누구와 함께 부족하게 지내겠습니까? 백성들이 부족하다면 임금이 누구와 함께 풍족하게 지내겠습니까?"

哀公問於有若曰 年饑用不足 如之何? 有若對曰 盍徹乎? 曰 二
애공문어유약왈 연기용부족 여지하 유약대왈 합철호 왈 이
吾猶不足 如之何其徹也? 對曰 百姓足 君孰與不足? 百姓不足
오유부족 여지하기철야 대왈 백성족 군숙여부족 백성부족
君孰與足?
군숙여족

10. 자장子張이 덕德을 숭상하는 것과 미혹됨을 분별하는 것에 대해서 물어보자, 공자孔子께서 말씀하셨다.

"성실과 신의를 위주로 하고 의로움으로 옮겨가는 것이 덕을 숭상하는 것이다. 좋아하면 그가 살기를 바라다가 미워하게 되면 그가 죽기를 바라는데, 이미 그가 살기를 바라다가 또 그가 죽기를 바라니, 이것이 미혹된 것이다. 진실로 유익하게는 못하고, 다만 기이한 짓만 되고 말 뿐이다."

子張問崇德辨惑 子曰 主忠信 徙義 崇德也. 愛之欲其生 惡之
자장문숭덕변혹 자왈 주충신 사의 숭덕야 애지욕기생 오지
欲其死, 旣欲其生 又欲其死 是惑也. 誠不以富 亦祗以異.
욕기사 기욕기생 우욕기사 시혹야 성불이부 역지이이

11. 제齊나라의 경공景公[1]이 공자孔子께 정치에 대해서 물어보자, 공자께서 대답하셨다.

"임금은 임금다워야 하고, 신하는 신하다워야 하고, 아비는 아비다워야 하고, 자식은 자식다워야 하는 것입니다."

공公이 말했다.

"좋은 말씀입니다! 임금이 임금답지 못하고, 신하가 신하답지 못하고, 아비가 아비답지 못하고, 자식이 자식답지 못하면, 비록 곡식이 있다 한들 내가 어찌 그것을 먹을 수 있겠습니까?[2]"

齊景公問政於孔子 孔子對曰 君君 臣臣 父父 子子. 公曰 善哉!
제경공문정어공자 공자대왈 군군 신신 부부 자자 공왈 선재

信如君不君 臣不臣 父不父 子不子, 雖有粟 吾得而食諸?
신여군불군 신불신 부불부 자불자 수유속 오득이식저

주 1 景公 : 성은 강姜, 이름은 저구杵臼. 2 雖有粟… : 나라가 망해버리면 곡식이 있다 해도 자기의 것으로 먹지 못하게 된다.

해설 인간관계의 위치, 즉 신분에 맞는 자기의 의무와 직분을 각각 다하도록 해야 할 것을 말한 것이니, 이것이 곧 명분名分을 중요시하고 명실名實이 상부相符할 것을 강조하는 공자孔子의 정명正明이다.

12. 공자孔子께서 말씀하셨다.
"한마디 말로 송사訟事에 판결을 내릴 수 있는 사람은 유由(자로)일 것이다."
자로子路는 자기가 승낙한 것을 묵혀두는 일이 없었다.

子曰 片言可以折獄者 其由也與. 子路無宿諾.
자왈 편언가이절옥자 기유야여 자로무숙낙

13. 공자孔子께서 말씀하셨다.
"송사訟事를 듣고 처리하는 것은 나도 남들과 다를 것이 없으나, 반드시 송사가 없도록 해야 할 것이다."

子曰 聽訟 吾猶人也 必也使無訟乎.
자왈 청송 오유인야 필야사무송호

14. 자장子張이 정치에 대해서 물어보자, 공자孔子께서 말씀하셨다.
"그 지위에 있을 적에는 게을리하지 말고, 정사政事를 행할 적에는 충성으로 해야 한다."

子張問政 子曰 居之無倦 行之以忠.
자장문정 자왈 거지무권 행지이충

15. 공자孔子께서 말씀하셨다.
"학문을 널리 배우고 예禮로써 단속한다면, 역시 도道에 어긋나지 않을 것이다."

子曰 博學於文 約之以禮 亦可以弗畔矣夫.
자왈 박학어문 약지이례 역가이불반의부

해설 지식을 중요시하되 그것은 반드시 행동을 통해서 예禮로써 실천되어질 때 도道가 구현된다는 지행합일知行合一의 사상을 말한 것이다. (옹야편雍也篇 제25장과 중복)

16. 공자孔子께서 말씀하셨다.
"군자는 남의 좋은 점을 성취시켜주고, 남의 나쁜 점은 성취하지 못하게 하는데, 소인小人은 이와 반대이다."

子曰 君子成人之美 不成人之惡 小人反是.
자왈 군자성인지미 불성인지악 소인반시

17. 계강자季康子가 공자孔子께 정치에 대해서 물어보자, 공자께서 대답하셨다.
"정치란 바르게 하는 것입니다. 그대가 바르게 이끄신다면 누가 감히 바르게 되지 않겠습니까?"

季康子問政於孔子 孔子對曰 政者 正也. 子帥以正 孰敢不正?
계강자문정어공자 공자대왈 정자 정야   자수이정 숙감부정

18. 계강자季康子가 도둑이 걱정되어 공자孔子께 물어보자, 공자께서 대답하셨다.
"만약 그대가 욕심을 가지지 않는다면, 비록 상을 준다 하더라도 백성들은 도둑질하지 않을 것입니다.¹"

季康子患盜 問於孔子 孔子對曰 苟子之不欲 雖賞之 不竊.
계강자환도 문어공자 공자대왈 구자지불욕 수상지 부절

주 1 苟子之不欲… : 자신부터 무욕無欲하여 가렴주구苛斂誅求를 일삼지 않는다면, 민생은 안정이 되어 자연히 도둑질하는 나쁜 버릇은 없어지게 될 것이다.

19. 계강자季康子가 공자孔子께 정치에 대해서 물었다.

"만약 무도無道한 자를 죽여서 도道를 이루도록 한다면 어떻겠습니까?"

공자께서 대답하셨다.

"그대가 정치를 하면서 어찌 사람을 죽일 필요가 있습니까? 그대가 선善을 바란다면 백성들도 선해집니다. 군자의 덕德은 바람과 같고, 소인小人의 덕은 풀과 같아서, 풀은 위로 바람이 지나면 반드시 눕습니다."

季康子問政於孔子曰 如殺無道 以就有道 何如? 孔子對曰 子
계 강 자 문 정 어 공 자 왈   여 살 무 도   이 취 유 도   하 여   공 자 대 왈   자
爲政 焉用殺? 子欲善而民善矣. 君子之德風 小人之德草
위 정   언 용 살   자 욕 선 이 민 선 의   군 자 지 덕 풍   소 인 지 덕 초
草上之風 必偃.
초 상 지 풍   필 언

20. 자장子張이 물어보았다.

"선비는 어떻게 되면 통달했다고 말할 수 있습니까?"

공자孔子께서 말씀하셨다.

"무엇을 뜻하느냐? 네가 통달했다고 말하는 것은?"

자장子張이 대답했다.

"나랏일을 하게 되어도 반드시 명성이 나고, 집 안에 들어앉아 있어도 반드시 명성이 나는 것 말입니다."

공자께서 말씀하셨다.

"그것은 명성이 나는 것이지 통달한 것은 아니다. 통달했다는 것은 본성이 정직하여 의義를 좋아하고 남의 말을 잘 알아듣고 남의 기색을 헤아려서 남에게 겸허하기를 신중히 하여, 나랏일을 하게 되어도 반드시 통달하고, 집 안에 들어앉아 있어서도 반드시 통달하게 되는 것이다. 명성이 난다는 것은 얼굴빛은 인仁하지만 그 행동은 그것에 위배되고 그렇게 살아가는 것에 의문을 갖지 않으니, 나랏일을 하게 되어도 반드시 명성이 나고 집 안에 들어앉아 있어도 이름이 나는 것이다."

子張問 士何如斯可謂之達矣? 子曰 何哉 爾所謂達者? 子張
자장문 사하여사가위지달의 자왈 하재 이소위달자 자장
對曰 在邦必聞 在家必聞. 子曰 是聞也 非達也. 夫達也者 質
대왈 재방필문 재가필문 자왈 시문야 비달야 부달야자 질
直而好義 察言而觀色 慮以下人 在邦必達 在家必達. 夫聞也
직이호의 찰언이관색 여이하인 재방필달 재가필달 부문야
者 色取仁而行違 居之不疑, 在邦必聞 在家必聞.
자 색취인이행위 거지불의 재방필문 재가필문

해설 달인達人은 겸허하되 성실하고, 명성을 날리는 사람은 겉으로는 착한 체하지만 성실성이 없는 자이다.

21. 번지樊遲가 공자를 따라 무우舞雩 밑에서 놀고 있을 때 말씀드렸다.
"덕德을 숭상하는 것, 사악한 것을 바로잡는 것, 미혹을 분별하는 것에 대해서 감히 여쭈어보려고 합니다."
공자孔子께서 말씀하셨다.

"좋은 질문이다! 일을 먼저 하고 이득은 뒤로 미루는 것이 덕을 숭상하는 것이 아니겠느냐? 자기의 악한 점은 공격하되 남의 악한 점은 공격하지 않는 것이 악한 생각을 바로잡는 것이 아니겠느냐? 하루 아침의 노여움으로 그 자신도 잊고 그 누累를 어버이에게까지 미치게 한다면, 그것이 미혹된 것이 아니겠느냐?"

樊遲從遊於舞雩之下 曰 敢問崇德 脩慝 辨惑. 子曰 善哉問! 先
번지종유어무우지하 왈 감문숭덕 수특 변혹 자왈 선재문 선
事後得 非崇德與? 攻其惡 無攻人之惡 非脩慝與? 一朝之忿
사후득 비승덕여 공기악 무공인지악 비수특여 일조지분
忘其身 以及其親 非惑與?
망기신 이급기친 비혹여

22. 번지樊遲가 인仁에 대해서 물어보자, 공자孔子께서 말씀하셨다.
"사람을 사랑하는 것이다."
지知에 대해서 물어보자, 공자께서 말씀하셨다.
"사람을 알아보는 것이다."
번지樊遲가 그 뜻을 잘 알지 못하자, 공자께서 말씀하셨다.
"정직한 사람을 등용해서 바르지 못한 사람 위에 놓으면, 바르지 못한 사람을 정직하게 만들 수가 있다."
번지樊遲는 물러나와 자하子夏를 만나서 물었다.
"조금 전에 내가 선생님을 뵈옵고 지知에 대해서 여쭈어보았더니, 선생님께서 말씀하시기를, '정직한 사람을 등용해서 바르지 못한 사람 위에다 놓으면, 바르지 못한 사람을 정직하게 만들 수가

있다'라고 하셨는데, 그게 무슨 뜻인가요?"

자하子夏가 대답했다.

"정말 넓은 뜻을 지니고 있습니다, 그 말씀에! 순舜 임금이 천하를 다스릴 때에 여러 사람 가운데서 골라 고요皐陶를 등용하였더니 인하지 않은 자들이 멀리 사라졌고, 탕湯 임금이 천하를 다스릴 때 여러 사람 가운데서 골라 이윤伊尹을 등용하였더니 인하지 않은 자들이 멀리 사라져버렸소."

樊遲問仁 子曰 愛人. 問知 子曰 知人. 樊遲未達 子曰 擧直錯
번지문인 자왈 애인 문지 자왈 지인 번지미달 자왈 거직조
諸枉 能使枉者直. 樊遲退 見子夏曰 鄕也吾見於夫子而問知
저왕 능사왕자직 번지퇴 견자하왈 향야오견어부자이문지
子曰擧直錯諸枉 能使枉者直 何謂也! 子夏曰 富哉 言乎!
자왈거직조저왕 능사왕자직 하위야 자하왈 부재 언호
舜有天下 選於衆 擧皐陶 不仁者遠矣. 湯有天下 選於衆 擧
순유천하 선어중 거고요 불인자원의 탕유천하 선어중 거
伊尹 不仁者遠矣.
이윤 불인자원의

23. 자공子貢이 벗에 대해서 물어보자, 공자孔子께서 말씀하셨다.

"충고해서 올바른 길로 이끌어주되, 잘 안 되면 그만두어 자기까지 욕을 보지는 말아야 한다."

子貢問友 子曰 忠告而善道之 不可則止 無自辱焉.
자공문우 자왈 충고이선도지 불가즉지 무자욕언

24. 증자曾子가 말했다.

"군자는 학문으로써 벗을 사귀고, 벗으로써 인仁을 증진시킨다."

曾子曰 君子 以文會友 以友輔仁.
증자왈 군자 이문회우 이우보인

해설 군자君子는 시詩·서書·예禮·악樂의 학문에 의해서 교유交遊하는 동안에 벗이 되는 것이며, 이러한 벗은 서로 절차탁마切磋琢磨하여 인仁의 도道를 닦으며 덕德을 함양해나간다.

제13편

자子로路

1. 자로子路가 정치에 대해서 물어보자, 공자孔子께서 말씀하셨다.
"백성들에게 솔선수범하고, 백성들을 위해 일하라."
더 자세히 말씀해주시기를 청하였더니, "게을리하지 말아야 한다"고 말씀하셨다.

子路問政 子曰 先之 勞之. 請益 曰 無倦.
자 로 문 정 자 왈 선 지 로 지 청 익 왈 무 권

2. 중궁仲弓이 계씨季氏의 가재家宰가 되어 정치에 대해서 물어보자, 공자孔子께서 말씀하셨다.
"먼저 유사有司들에게 일을 맡기고, 작은 잘못은 용서해주고 훌륭한 인재를 등용하여라."
다시 중궁이 물었다.
"어떻게 훌륭한 인재를 알아서 등용합니까?"
공자께서 말씀하셨다.
"네가 알고 있는 인재를 등용하라. 네가 모르는 사람이라도 그가 인재라면 남들이 그를 내버려두겠느냐."

仲弓爲季氏宰 問政 子曰 先有司 赦小過 擧賢才. 曰 焉知賢
중 궁 위 계 씨 재 문 정 자 왈 선 유 사 사 소 과 거 현 재 왈 언 지 현
才而擧之? 曰 擧爾所知 爾所不知 人其舍諸?
재 이 거 지 왈 거 이 소 지 이 소 부 지 인 기 사 저

주 1 爾所不知… : 훌륭한 인재를 구하는 뜻이 있음을 알게 되면, 반드시 남이 훌륭한 인재를 추천하게 될 것이다.

3. 자로子路가 말했다.

"위衛나라의 임금¹이 선생님을 모시고 정치를 한다면, 선생님께서는 무엇부터 먼저 하시겠습니까?"

공자孔子께서 말씀하셨다.

"반드시 명분名分을 바로 세우겠다.²"

자로가 말했다.

"그러하십니까. 선생님은 우원迂遠하십니다. 어째서 명분을 바로 세우겠다는 것입니까?"

공자께서 말씀하셨다.

"한심하구나, 유由(자로)는! 군자는 자기가 모르는 일에 대해서는 잠자코 있는 법이다. 명분이 바로 서지 않으면³ 말이 순리에 맞지 않고, 말이 순리에 맞지 않으면 일이 이루어지지 않는다. 일이 이루어지지 않으면 예禮나 악樂도 흥성하지 않게 되며, 예나 악이 흥성하지 않게 되면 형벌도 바르게 적용되지 않게 되며, 형벌이 바르게 적용되지 않게 되면 백성들은 손발을 둘 곳이 없게 된다.⁴ 그러므로 군자는 명분을 세우면 반드시 그것에 대해 말할 수 있고, 말한 것은 반드시 실행할 수 있는 것이다. 군자는 그의 말에 구차한 바가 없어야 하는 것이다."

子路曰 衛君待子而爲政 子將奚先? 子曰 必也正名乎. 子路
자로왈 위군대자이위정 자장해선 자왈 필야정명호 자로
曰 有是哉 子之迂也! 奚其正? 子曰 野哉 由也! 君子於其所不
왈 유시재 자지우야 해기정 자왈 야재 유야 군자어기소부
知 蓋闕如也. 名不正 則言不順 言不順 則事不成 事不成 則
지 개궐여야 명부정 즉언불순 언불순 즉사불성 사불성 즉
禮樂不興 禮樂不興 則刑罰不中 刑罰不中 則民無所措手足.
례악불흥 예악불흥 즉형벌부중 형벌부중 즉민무소조수족
故君子名之必可言也 言之必可行也. 君子於其言 無所苟而
고 군 자 명 지 필 가 언 야 언 지 필 가 행 야 군 자 어 기 언 무 소 구 이
已矣.
이 의

주 1 衛君: 위衛나라의 출공出公. 2 必也正名乎: 공자孔子가 '정명正名'을 말한 것은 출공이 그 아버지와 싸워 나라에 명분名分이 문란했기 때문이다. 3 名不正則…: 아버지로서의 이름을 가진 자는 아버지로서의 실實을 행하고, 임금이라 하는 이름을 가진 자는 임금으로서의 실을 행하지 않으면 안 된다. 4 刑罰不中…: 예禮는 부자·군신 기타 인륜人倫의 명분을 밝히는 것이고, 악樂은 부자·군신 기타의 사이를 화합하게 하는 것이고, 형벌은 부자·군신 기타의 사이가 문란한 것을 바로잡는 것이므로, 명분의 교敎가 확립되지 않으면 예악禮樂과 형벌刑罰이 제구실을 못하게 된다.

4. 번지樊遲가 곡식 농사에 대해서 가르쳐주기를 청하자, 공자孔子께서 말씀하셨다.

"나는 늙은 농부만도 못하다."

다시 번지가 채소 농사짓는 데 대해서 가르쳐주기를 청하자, 공자께서 말씀하셨다.

"나는 늙은 채소 농사꾼만도 못하다."

번지樊遲가 나가자, 공자께서 말씀하셨다.

"소인小人이구나, 번수樊須는! 윗사람이 예禮를 좋아하면 백성들은 감히 공경치 않을 수가 없고, 윗사람이 의義를 좋아하면 백성들은 감히 복종하지 않을 수가 없고, 윗사람이 신信을 좋아하면 백성들은 감히 성실하지 않을 수가 없다. 이렇게 된다면 사방의 백성들이 자식들을 포대기 싸서 업고 모여들 것이니, 농사짓는 것은 배워서 무엇하겠느냐?"

樊遲請學稼 子曰 吾不如老農. 請學爲圃 曰 吾不如老圃. 樊遲
번 지 청 학 가   자 왈 오 불 여 로 농. 청 학 위 포 왈 오 불 여 로 포. 번 지
出 子曰 小人哉 樊須也! 上好禮 則民莫敢不敬 上好義 則民
출 자 왈 소 인 재 번 수 야! 상 호 례 즉 민 막 감 불 경   상 호 의 즉 민
莫敢不服 上好信 則民莫敢不用情. 夫如是 則四方之民 襁負
막 감 불 복 상 호 신 즉 민 막 감 불 용 정.   부 여 시   즉 사 방 지 민 강 부
其子而至矣 焉用稼?
기 자 이 지 의 언 용 가?

주 1 焉用稼 : 백성들을 교화하는 것이 정치의 근본인데, 근본을 잊어버리고 소절小節에 구애되어서는 아니 된다.

5. 공자孔子께서 말씀하셨다.

"《시경詩經》3백 편을 다 외우면서도 그에게 정사政事를 맡기면 제대로 처리하지 못하고, 사방 여러 나라에 사신으로 가서도 제 재량으로 응대하지 못한다면, 비록 많은 시詩를 알고 있다 한들 무슨 쓸모가 있겠느냐?"

子曰 誦詩三百 授之以政 不達 使於四方 不能專對 雖多 亦
자왈 송시삼백 수지이정 부달 사어사방 불능전대 수다 역
奚以爲?
해이위

해설 시詩는 순수한 인간 감정의 표현이므로 이것을 잘 학습하면, 인정人情의 기미機微에 통하게 되어 정치의 득실을 알 수 있게 되고, 외교상의 응대에 있어서도 임기응변으로 해나갈 수 있게 된다는 것이다. 그러므로 시는 정치 외교상에 유용하게 될 수 있도록 해야 한다는 뜻을 말한 것이다.

6. 공자孔子께서 말씀하셨다.
"그 자신[1]이 올바르면 명령을 내리지 않아도 잘 행해지지만, 그 자신이 올바르지 않으면 명령을 내려도 백성들은 따르지 않는다."

子曰 其身正 不令而行 其身不正 雖令不從.
자왈 기신정 불령이행 기신부정 수령부종

주 1 其身 : 위정자爲政者. 다스리는 사람 자신.

7. 공자孔子께서 말씀하셨다.
"노魯나라와 위衛나라의 정치는 형제와 같이 비슷하다.[1]"

子曰 魯衛之政 兄弟也.
자 왈 노 위 지 정 형 제 야

주 1 魯衛之政… : 노魯나라 선조인 주공周公 단旦과 위衛나라 선조인 강숙康叔은 형제였을 뿐만 아니라 그들의 정치도 선정善政으로 서로 닮았었다. 그런데 공자孔子 때에 와서는 두 나라의 정치가 모두 혼란해졌으니, 이것도 또한 서로 닮았으므로 형제와 같이 비슷하다고 한 것이다.

8. 공자孔子께서 위衛나라의 공자公子[1] 형荊은 집안 살림살이를 잘한다고 말씀하셨다. 살림이 갖추어지기 시작하자, "그런대로 어울리게 되었다" 하였고, 약간 살림이 늘자, "그런대로 다 갖추어졌다" 하였고, 살림이 부유해지자, "그런대로 훌륭하게 되었다"고 하였다.

子謂衛公子荊 善居室. 始有 曰 苟合矣 少有 曰 苟完矣 富有
자 위 위 공 자 형 선 거 실   시 유 왈 구 합 의 소 유 왈 구 완 의 부 유
曰 苟美矣.
왈 구 미 의

주 1 公子 : 임금의 서자庶子.

해설 형荊은 공자公子이면서도 욕심이 적고 겸손하여 공자孔子의 칭찬을 받았다.

9. 공자孔子께서 위衛나라에 가실 때에 염유冉由가 수레를 몰았는데,

공자께서 말씀하셨다.

"인구가 많아졌구나."

염유가 말했다.

"인구가 많아졌으면 또 무엇을 더해야 합니까?"

공자께서 말씀하셨다.

"그들을 부유하게 해주어야 한다."

또 염유가 말했다.

"부유하게 된 다음에는 또 무엇을 더 해야 합니까?"

공자께서 말씀하셨다.

"그들을 가르쳐야 한다."

子適衛 冉由僕. 子曰 庶矣哉! 冉由曰 旣庶矣 又何加焉? 曰 富
자적위 염유복　자왈 서의재　　염유왈 기서의 우하가언　왈 부
之. 曰 旣富矣 又何加焉? 曰 敎之.
지　왈 기부의 우하가언　왈 교지

해설 정치의 원리는 먼저 인구를 늘이도록 하고, 다음엔 경제적으로 부富하게 하고, 또 그다음에 가서는 교육을 해야 한다.

10. 공자孔子께서 말씀하셨다.

"만약 나를 써주는 사람이 있다면, 일 년이면 괜찮게 될 것이고, 삼 년이면 훌륭한 성과가 있을 것이다."

子曰 苟有用我者 朞月而已可也 三年有成.
자왈 구유용아자 기월이이가야 삼년유성

11. 공자孔子께서 말씀하셨다.

"'선한 사람이 백 년 동안 나라를 다스린다면 가히 잔악한 자를 물리치고 살육을 없앨 수 있다' 하였으니, 정말 옳다. 이 말은!"

子曰 善人爲邦百年 亦可以勝殘去殺矣. 誠哉 是言也.
자왈 선인위방백년 역가이승잔거살의 성재 시언야

12. 공자孔子께서 말씀하셨다.

"만약 진실한 왕자¹가 나온다 하더라도 반드시 한 세대 이후에나 세상이 인仁하게 될 것이다."

子曰 如有王者 必世而後仁.
자왈 여유왕자 필세이후인

주 1 王者 : 인덕仁德을 구비한 진정한 성왕聖王.

13. 공자孔子께서 말씀하셨다.

"진실로 제 자신을 바르게 갖는다면 정치에 종사하는 데 무슨 문제가 있겠는가. 제 자신을 바르게 갖지 못하고서 어찌 남을 바르게 할 수 있겠는가?"

子曰 苟正其身矣 於從政乎何有? 不能正其身 如正人何?
자왈 구정기신의 어종정호하유 불능정기신 여정인하

14. 염자冉子가 조정에서 돌아오자, 공자孔子께서 말씀하셨다.

"어찌하여 늦었는가?"

염유가 대답하였다.

"국정國政에 관한 일이 있었습니다."

공자孔子께서 말씀하셨다.

"그것은 계씨季氏의 사사로운 일이었을 것이다. 만약 국정에 관한 일이 있었다면 비록 내가 현직에 있지 않다 하더라도 나도 그 일에 대하여 들었을 것이다.[1]"

冉子退朝 子曰 何晏也? 對曰 有政. 子曰 其事也. 如有政 雖不
염자퇴조 자왈 하안야 대왈 유정 자왈 기사야 여유정 수불

吾以 吾其與聞之.
오이 오기여문지

주 1 如有政…: 노魯나라 정치에 관한 일이었다면 비록 대부大夫의 자리를 물러나 있기는 하되, 원임대부原任大夫는 나라의 정치에 참여하여 듣고 있는 것이 관례로 되어 있는 것이지만, 당시에는 계씨季氏가 국정을 독단하고 있어서 공적인 문제를 사사로이 처리해버리는 일이 많았으므로 공자孔子는 이를 못마땅하게 생각하여 이런 말을 함으로써 염유冉有를 일깨워주는 동시에 계씨를 풍자한 것이다.

15. 정공定公이 물었다.

"한마디 말로 나라를 흥하게 할 수 있는 말이 있습니까?"

공자孔子께서 대답하셨다.

"말로 그렇게 하는 것은 불가능합니다. 그와 가까운 뜻을 가진 것으로는 세상 사람들의 말에 '임금 노릇하기도 어렵고, 신하 노릇하기도 쉽지 않다'라고 하는 말이 있습니다. 임금 노릇하는 것의 어려움을 안다면, 한마디 말로 나라를 흥하게 하는 데 가까운 것이 아니겠습니까?"

정공이 물었다.

"한마디 말로 나라를 망하게 할 수 있는 말이 있습니까?"

공자께서 대답하셨다.

"말로는 그렇게 하는 것이 불가능합니다. 그와 가까운 뜻을 가진 것으로는 세상 사람들의 말에 '나는 임금 노릇하는 데 다른 즐거운 일은 없고 오직 내가 한 말을 아무도 반대하지 않는 것이 즐거움이다'라고 하는 말이 있습니다. 만약에 좋은 말을 반대하지 않는다면 좋지 않겠습니까? 만약 좋지 않은 말을 반대하지 않는다면 한마디 말로 나라를 망하게 하는 데 가깝지 않겠습니까?"

定公問 一言而可以興邦 有諸? 孔子對曰 言不可以若是其幾
정공문 일언이가이흥방 유저 공자대왈 언불가이약시기기
也. 人之言曰 爲君難 爲臣不易. 如知爲君之難也 不幾乎一言
야 인지언왈 위군난 위신불이 여지위군지난야 불기호일언
而興邦乎? 曰 一言而喪邦 有諸? 孔子對曰 言不可以若是其幾
이흥방호 왈 일언이상방 유저 공자대왈 언불가이약시기기
也. 人之言曰 予無樂乎爲君 唯其言而莫予違也. 如其善而莫
야 인지언왈 여무락호위군 유기언이막여위야 여기선이막

之違也 不亦善乎? 如不善而莫之違也 不幾乎一言而喪邦乎?
지위야 불역선호 여불선이막지위야 불기호일언이상방호

해설 전반에서는 임금 노릇하기가 어렵다는 것을 앎이 나라를 다스리는 근본임을 말했고, 후반에서는 언론의 자유를 보장하고 언론의 창달을 중요시할 것을 말한 것이다.

16. 섭공葉公이 정치에 대해서 물어보자, 공자孔子께서 말씀하셨다.
"가까이 있는 사람들은 기뻐 따르게 하고, 멀리 있는 사람들은 찾아오게 하는 것입니다.¹"

葉公問政 子曰 近者說 遠者來.
섭공문정 자왈 근자열 원자래

주 1 近者說…: 섭공葉公은 음학한 사람이었고, 섭葉은 초楚의 속국으로서 침략의 앞잡이 노릇을 하고 있었기 때문에 이와 같이 말해준 것이다.

17. 자하子夏가 거보莒父의 읍재邑宰로 있을 때 정치에 대해서 물어보자, 공자孔子께서 말씀하셨다.
"일을 빨리 이루려 하지 말고, 작은 이익을 추구하지 마라. 일을 빨리 하려 하면 일이 제대로 이루어지지 않게 되며, 작은 이익을 추구하면 큰일을 이루지 못한다."

제13편 자로子路 229

子夏爲莒父宰 問政 子曰 無欲速 無見小利. 欲速則不達 見小
자하위거보재 문정 자왈 무욕속 무견소리 욕속즉부달 견소
利則大事不成.
리즉대사불성

18. 섭공葉公이 공자孔子에게 말했다.

"우리 고을에 행실이 정직한 사람¹이 있습니다. 그의 아버지가 양羊을 훔쳤는데 자식이 그 사실을 증언했습니다."

공자께서 말씀하셨다.

"우리 고을의 정직한 사람은 그와는 다릅니다. 그런 일이 있더라도 아버지는 자식을 위해서 숨기고, 자식은 아버지를 위해서 숨겨주니, 정직함은 그런 가운데 있습니다.²"

葉公語孔子曰 吾黨有直躬者 其父攘羊 而子證之. 孔子曰 吾
섭공어공자왈 오당유직궁자 기부양양 이자증지 공자왈 오
黨之直者 異於是 父爲子隱 子爲父隱 直在其中矣.
당지직자 이어시 부위자은 자위부은 직재기중의

주 1 直躬者 : '궁躬이라는 곧은 사람'으로 풀이하기도 하고, '몸가짐이 곧은 사람'으로 풀이하기도 한다. 2 父爲子隱… : '직'은 자연적 인간성 그대로 직출直出되어진 것을 이름으로, 아비는 자식을 위해서 숨기고 자식은 아비를 위해서 숨기는 것이 유교적 인도주의다. 《한비자韓非子》에도 이 이야기가 나오는데 임금에게는 곧았다 할지라도 아비에게는 잘못했다 해서 직궁자直躬者를 처벌한 것으로 되어 있다.

19. 번지樊遲가 인仁에 대해서 묻자, 공자孔子께서 말씀하셨다.
 "집에 있을 때에는 공손하게 하고, 일을 처리할 때에는 경건하게 하고, 남과 사귈 때에는 성실하게 한다는 것은 비록 오랑캐의 땅에 간다 하더라도 버릴 수가 없다."

樊遲問仁 子曰 居處恭 執事敬 與人忠 雖之夷狄 不可棄也
번지문인 자왈 거처공 집사경 여인충 수지이적 불가기야

20. 자공子貢이 물었다.
 "어떻게 하면 선비라고 할 수가 있습니까?"
 공자孔子께서 말씀하셨다.
 "자기의 행동에 있어 부끄러움을 알고, 사방에 사신으로 가서 임금의 명을 욕되게 하지 않는다면 선비라 할 수가 있다."
 자공이 말했다.
 "감히 그 다음 가는 사람을 여쭈어보겠습니다."
 공자께서 말씀하셨다.
 "친척들이 효성스럽다고 칭찬하고, 마을 사람들이 우애 있다고 칭찬하는 사람이다."
 다시 자공이 말했다.
 "감히 그 다음 가는 사람을 여쭈어보겠습니다."
 공자께서 말씀하셨다.
 "말에는 반드시 신의가 있고, 행동에는 반드시 성과가 있다면 완고한 소인小人[1]이라 하더라도 역시 그 다음은 갈 수 있는 사람이다."

제13편 자로子路 231

이어 자공이 물었다.

"요즘 정치에 종사하고 있는 사람은² 어떠합니까?"

공자께서 말씀하셨다.

"아아, 그릇이 작은 사람들이니 어찌 따져 볼 게 있겠느냐?"

子貢問曰 何如斯可謂之士矣? 子曰 行己有恥 使於四方 不辱
자공문왈 하여사가위지사의   자왈 행기유치 사어사방 불욕
君命 可謂士矣. 曰 敢問其次. 曰 宗族稱孝焉 鄕黨稱弟焉. 曰
군명 가위사의   왈 감문기차   왈 종족칭효언 향당칭제언   왈
敢問其次. 曰 言必信 行必果 硜硜然小人哉 抑亦可以爲次
감문기차   왈 언필신 행필과 갱갱연소인재 억역가이위차
矣. 曰 今之從政者何如? 子曰 噫 斗筲之人 何足算也?
의   왈 금지종정자하여   자왈 희 두소지인 하족산야

주 1 硜硜然小人 : 소절小節에 구애되어 임기응변하는 변통성이 없기 때문에 갱갱연소인硜硜然小人이라 한 것이다. 2 今之從政者 : 정치에 종사하고 있는 사람이란 삼환三桓을 말하는 것이려니와 공자孔子는 이들을 두소지인斗筲之人이라고 했다.

21. 공자孔子께서 말씀하셨다.

"중용中庸의 도道를 행하는 사람과 함께할 수 없다면 나는 반드시 과격한 사람이나 고집 센 사람을 택할 것이다. 과격한 사람은 진취성이 있고, 고집 센 사람은 하지 않는 바가 있기 때문이다."

子曰 不得中行而與之 必也狂狷乎. 狂者進取 狷者有所不爲也.
자왈 부득중행이여지 필야광견호   광자진취 견자유소불위야

해설 과격한 사람이란 '광자狂者'를 번역한 말인데, 뜻만 높고 행동이 이에 따라가지 못하는 사람을 말하고, 고집 센 사람이란 '견자狷者'를 번역한 말인데, 진취성이 없고 지知가 부족하나 외고집이 있고 불선불의不善不義를 행하지 않고 절의를 지키는 사람을 말한다. 이들은 각각 하나의 결점을 갖고는 있으나 그 반면에 장점도 있는 것이니, 광자의 진취성과 견자狷者의 불선불의를 하지 않는 점이 그것이다. 이들은 모두 '중용中庸'의 인人은 아니지만 그래도 그다음은 가는 사람이라 하겠으나, 공자孔子가 가장 싫어한 사람은 '향원鄕原'의 인人(양화편陽貨篇)이었고 '선유善柔'의 인人(계씨편季氏篇)이었다.

22. 공자孔子께서 말씀하셨다.

"남쪽 나라 사람이 말하기를, '사람이 꾸준함이 없으면 무의巫醫[1] 노릇도 할 수 없다'고 했는데, 옳은 말이다.

또 '그 덕德을 꾸준히 지키지 못하면 수치를 당할 수가 있다'고도 했다."

공자께서 말씀하셨다.

"점을 쳐보지 않아도 그러할 뿐이다.[2]"

子曰 南人有言曰 人而無恒 不可以作巫醫. 善夫. 不恒其德 或
자왈 남인유언왈 인이무항 불가이작무의   선부 불항기덕 혹
承之羞. 子曰 不占而已矣.
승지수 자왈 부점이이의

주 1 巫醫 : 무의巫醫는 의사를 말한다. 옛날에는 신명神明에 통하는 무巫가 의원醫員 노릇까지 했으므로 이렇게 말한 것이다. 2 不占而已矣 : 이것은 역易에 관한 말이지만, 점占을 쳐보지 않아도 그 말이 옳다는 것을 알 수 있다는 뜻이다.

해설 이 장章의 뜻은 매우 분명하지 않아 해석이 구구하다. 공자孔子가 남쪽 나라 사람의 말과 역점易占을 인용해서 항덕恒德을 지킬 것을 말한 것이다.

23. 공자孔子께서 말씀하셨다.
"군자는 조화調和를 이루되 동화同化되지는 않고, 소인小人은 동화되기는 해도 조화를 이루지 못한다."

子曰 君子和而不同 小人同而不和.
자 왈 군 자 화 이 부 동 소 인 동 이 불 화

24. 자공子貢이 물었다.
"마을 사람들이 모두 그를 좋아한다면 어떻겠습니까?"
공자孔子께서 말씀하셨다.
"아직 안 된다."
자공이 다시 물었다.
"마을 사람들이 모두 그를 미워한다면 어떻겠습니까?"

공자께서 말씀하셨다.

"아직도 안 된다. 마을 사람들 가운데서 선善한 사람들이 그를 좋아하고, 선하지 않은 사람들이 그를 미워하는 것만 못하다."

子貢問曰 鄕人皆好之 何如? 子曰 未可也. 鄕人皆惡之 何如.
자공문왈 향인개호지 하여　자왈 미가야　향인개오지 하여
子曰 未可也. 不如鄕人之善者好之 其不善者惡之.
자왈 미가야　불여향인지선자호지 기불선자오지

25. 공자孔子께서 말씀하셨다.

"군자를 섬기기는 쉬우나 그를 기쁘게 하기는 어렵다. 그를 기쁘게 하는 데 올바른 도리로써 하지 않으면 그가 기뻐하지 않기 때문이다. 그러나 군자는 사람을 부릴 때는 그 사람의 능력에 맞추어 쓴다. 소인을 섬기기는 어려우나 그를 기쁘게 하기는 쉽다. 그를 기쁘게 해주는데 올바른 도리로써 하지 않아도 기뻐하기 때문이다. 그러나 소인은 사람을 부릴 때에는 모든 능력이 갖추어져 있기를 바란다."

子曰 君子易事而難說也. 說之不以道 不說也. 及其使人也 器
자왈 군자이사이난열야　열지불이도 불열야　급기사인야　기
之. 小人難事而易說也. 說之雖不以道 說也. 及其使人也 求
지　소인난사이이열야　열지수불이도 열야　급기사인야 구
備焉.
비언

26. 공자孔子께서 말씀하셨다.

"군자는 태연하되 교만하지 않고, 소인小人은 교만하되 태연하지 못하다."

子曰 君子泰而不驕 小人驕而不泰.
자왈 군자태이불교 소인교이불태

27. 공자孔子께서 말씀하셨다.

"강직하고, 의연하고, 질박하고, 입이 무거우면 인仁에 가깝다."

子曰 剛毅木訥 近仁.
자왈 강의목눌 근인

28. 자로子路가 물었다.

"어떻게 해야만 선비라고 할 수 있겠습니까?"

공자孔子께서 말씀하셨다.

"서로 간절히 격려하고 올바르게 노력하고 화락하게 지내면 선비라고 할 수가 있다. 친구들과는 서로 간절히 격려하고 올바르게 노력하며 형제들과는 화락해야 한다."

子路問曰 何如斯可謂之士矣? 子曰 切切偲偲 怡怡如也 可
자로문왈 하여사가위지사의 자왈 절절시시 이이여야 가
謂士矣. 朋友切切偲偲 兄弟怡怡.
위사의 붕우절절시시 형제이이

해설 자로子路에게는 온화한 기상이 부족했기 때문에 이렇게 답한 것이려니와, 자공子貢이 선비에 대해서 물었을 때(자로편子路篇 제20장 참조)와는 질문자의 장단長短에 따라서 선비에 대한 설명이 각각 다른 점에 유의할 것이다.

29. 공자孔子께서 말씀하셨다.
"선善한 사람이 백성을 7년 동안 가르친다면 역시 백성들로 하여금 전쟁에 나가게 할 수 있다."

子曰 善人敎民七年 亦可以卽戎矣.
자 왈 선 인 교 민 칠 년 역 가 이 즉 융 의

해설 보통의 선인善人으로서도 7년 동안 백성들을 교화해나간다면 교화의 효과는 반드시 나타나서 백성들은 생명을 바치고 전장에 나가서 싸울 수가 있다는 뜻이다.

30. 공자孔子께서 말씀하셨다.
"백성들을 가르치지 않고 전쟁에 내보내는 것은 바로 그들을 버리는 것이라 하겠다."

子曰 以不敎民戰 是謂棄之.
자 왈 이 불 교 민 전 시 위 기 지

제14편
헌憲문問

1. 헌憲¹이 수치羞恥에 대해서 물어보자, 공자孔子께서 말씀하셨다.
"나라에 도道가 행해지고 있으면 봉록俸祿을 받을 것이나, 나라에 도가 행해지지 있지 않는 데도 봉록을 받는 것은 수치스런 일이다."

憲問恥 子曰 邦有道穀 邦無道穀 恥也.
헌 문 치 자 왈 방 유 도 곡 방 무 도 곡 치 야

주 1憲 : 성은 원原, 이름은 헌憲, 자字는 자사子思. 공자孔子의 문인으로 공자보다 36세 연하였다.

2. "남을 이기려 하고, 자신을 뽐내고, 남을 원망하고, 욕심을 부리는 짓을 하지 않으면 인仁하다고 말할 수 있겠습니까?¹"
공자孔子께서 말씀하셨다.
"그렇게 하기가 어렵기는 하나, 인한 것인지 나도 모르겠다."

克伐怨慾 不行焉 可而爲仁矣. 子曰 可以爲難矣 仁則吾不
극 벌 원 욕 불 행 언 가 이 위 인 의   자 왈 가 이 위 난 의 인 즉 오 부
知也.
지 야

주 1 克伐怨慾… : 누구의 말인지 확실치 않으나 아마 원헌原憲의 말인 것 같다.

제14편 헌문憲問 241

3. 공자孔子께서 말씀하셨다.
"선비로서 편안하게 살기만을 생각한다면 선비라고 할 수 없다."

子曰 士而懷居 不足以爲士矣.
자왈 사이회거 부족이위사의

4. 공자孔子께서 말씀하셨다.
"나라에 도道가 행해지고 있으면 위엄 있게 말하고 위엄 있게 행동할 것이며, 나라에 도가 행해지지 않고 있으면 행동은 위엄 있게 하되 말은 겸손하게 해야 한다."

子曰 邦有道 危言危行 邦無道 危行言孫.
자왈 방유도 위언위행 방무도 위행언손

5. 공자孔子께서 말씀하셨다.
"덕德이 있는 사람에게는 반드시 내세울 말이 있지만, 내세울 말이 있는 사람이라고 반드시 덕이 있는 것은 아니다. 인仁한 사람에게는 반드시 용기가 있지만, 용기가 있는 사람이라고 반드시 인한 것은 아니다."

子曰 有德者必有言 有言者不必有德. 仁者必有勇 勇者不必
자왈 유덕자필유언 유언자불필유덕 인자필유용 용자불필
有仁.
유인

6. 남궁괄南宮适[1]이 공자孔子께 물었다.

"예羿[2]는 활을 잘 쏘았고, 오奡[3]는 배舟를 끌고 다닐 만큼 힘이 세었으나 모두 제명에 죽지를 못했습니다. 그러나 우禹와 직稷은 몸소 농사를 지었는데도 천하를 차지했습니다."

공자께서는 이 말에 대답하지 않으셨다. 남궁괄南宮适이 나가자, 공자께서 말씀하셨다.

"군자로다, 그 사람은! 덕德을 숭상하는구나, 그 사람은!"

南宮适問於孔子曰 羿善射 奡盪舟 俱不得其死然. 禹稷躬稼
남 궁 괄 문 어 공 자 왈 예 선 사 오 탕 주 구 부 득 기 사 연   우 직 궁 가
而有天下. 夫子不答. 南宮适出 子曰 君子哉若人! 尚德哉
이 유 천 하   부 자 부 답   남 궁 괄 출 자 왈 군 자 재 약 인   상 덕 재
若人!
약 인

주 1 南宮适 : 공자孔子의 문인인 남용南容. 2 羿 : 요堯임금 시대의 명사수名射手로서 열 개의 태양이 나타났을 때 요임금의 명령에 따라 아홉 개의 태양을 쏘아 떨어뜨렸다는 전설이 있음. 하夏왕조에 반역한 유궁국有窮國의 임금. 3 奡 : 예羿를 쓰러뜨린 한착寒浞의 아들로서 하夏왕에 의해서 죽임을 당했다.

7. 공자孔子께서 말씀하셨다.

"군자이면서 인仁하지 못한 사람은 있지만, 소인小人이면서 인한 사람은 있은 적이 없다."

子曰 君子而不仁者有矣夫 未有小人而仁者也.
자왈 군 자 이 불 인 자 유 의 부 미 유 소 인 이 인 자 야

8. 공자孔子께서 말씀하셨다.

"그를 사랑한다고 하면서 수고롭게 하지 않을 수 있겠는가? 충성한다고 하면서 깨우쳐주지 않을 수 있겠는가?"

子曰 愛之 能勿勞乎? 忠焉 能勿誨乎?
자왈 애지 능물로호 충언 능물회호

9. 공자孔子께서 말씀하셨다.

"(정나라에서) 외교문서를 만들 때에는 비심裨諶[1]이 초안을 작성하고, 세숙世叔[2]이 검토하고, 외교관인 자우子羽[3]가 수식을 가했고, 동리에 사는 자산子産[4]이 그것을 윤색潤色하였다."

子曰 爲命 裨諶草創之 世叔討論之 行人子羽修飾之 東里子
자왈 위명 비심초창지 세숙토론지 행인자우수식지 동리자
産潤色之.
산윤색지

주 1 裨諶 : 이름은 조竈, 자字는 심諶. 2 世叔 : 이름은 유길遊吉. 3 子羽 : 공손휘公孫揮의 자. 4 子産 : 정鄭나라의 유능한 대부大夫. 여기 나온 사람은 모두가 공자보다 조금 선배인 정나라의 현신賢臣들이다.

10. 어떤 사람이 자산子産에 대해서 물어보자, 공자孔子께서 말씀하셨다.

"자혜로운 사람이다."

자서子西¹에 대해서 물어보자, 공자께서 말씀하셨다.

"그 사람, 그런 사람이다!"

관중管仲에 대해서 물어보자, 공자께서 말씀하셨다.

"그 사람!² 백씨伯氏의 병읍騈邑 3백 호를 빼앗아서, 백씨는 험한 음식을 먹고 지냈지만 평생토록 원망하는 말이 없었다.³"

或問子産 子曰 惠人也. 問子西 曰 彼哉 彼哉! 問管仲 曰 人
혹문자산 자왈 혜인야 문자서 왈 피재 피재 문관중 왈 인
也. 奪伯氏騈邑三百 飯疏食 沒齒無怨言.
야 탈백씨병읍삼백 반소식 몰치무원언

주 1 子西: 초楚나라의 공자公子인 신申을 가리키는 것 같다. 공자孔子가 등용되려 할 때 방해한 사람이며, 백공白公의 내란으로 살해당했다. 혹은 정鄭나라의 대부大夫인 자서子西를 말한다고 하는 사람도 있다. 2 人也: '인물이로다'로 풀이하기도 한다. 3 奪伯氏騈邑…: 백씨伯氏가 죄를 범하였으므로, 제齊나라의 환공桓公에게 청하여 병읍騈邑을 빼앗아버렸기 때문에 백씨는 곤궁에 빠졌다. 그러나 백씨伯氏는 그것을 당연한 것으로 여겨 관중管仲을 원망하지 않았다. 병읍은 산동성山東省의 임구현臨朐縣에 있었다.

11. 공자孔子께서 말씀하셨다.

"가난하면서 원망하지 않기는 어렵지만, 부유하면서 교만하지 않기는 쉽다."

子曰 貧而無怨難 富而無驕易.
자왈 빈이무원난 부이무교이

12. 공자孔子께서 말씀하셨다.

"맹공작孟公綽[1]은 조趙씨나 위魏씨의 가신家臣 노릇하기는 충분하지만, 등滕나라나 설薛나라의 대부가 될 수는 없다."

子曰 孟公綽爲趙魏老則優 不可以爲滕薛大夫.
자 왈 맹 공 작 위 조 위 로 즉 우 불 가 이 위 등 설 대 부

주 1孟公綽 : 노魯나라의 대부大夫. 청렴하고 과욕寡慾한 사람이었다.

해설 사람은 재능에 따라 등용해야만 한다는 뜻을 내포하고 있다.

13. 자로子路가 완성된 사람에 대해서 물어보자, 공자孔子께서 말씀하셨다.

"만약에 장무중臧武仲[1]의 지혜와 맹공작孟公綽의 무욕과 변장자卞莊子[2]의 용기와 염구冉求의 재주에다가 예禮와 악樂으로 수식을 한다면 그야말로 완성된 사람이라고 할 수가 있다."

다시 말씀하셨다.

"오늘날의 완성된 사람이야 어찌 반드시 그렇게 될 수 있겠느냐? 이利를 보거든 의義를 생각하여 취하고, 위태로운 것을 보면 목숨을 내놓을 줄 알아야 하며, 오래된 약속에 대해서는 평소에 한 말이라도 잊어버리지 않는다면 또한 완성된 사람이라고 할 수가 있다."

子路問成人 子曰 若臧武仲之知 公綽之不欲 卞莊子之勇 冉
자 로 문 성 인   자 왈   약 장 무 중 지 지   공 작 지 불 욕   변 장 자 지 용   염
求之禮 文之以禮樂 亦可以爲成人矣. 曰 今之成人者 何必然?
구 지 예   문 지 이 례 악   역 가 이 위 성 인 의   왈   금 지 성 인 자   하 필 연
見利思義 見危授命 久要不忘平生之言 亦可以爲成人矣.
견 리 사 의   견 위 수 명   구 요 불 망 평 생 지 언   역 가 이 위 성 인 의

주 1 臧武仲 : 이름은 흘紇, 무武는 시호, 중仲은 항렬, 장문중臧文仲의 손자.
2 卞莊子 : 지금의 산동성山東省 사수현泗水縣 동쪽에 있었던 노魯나라 변읍卞邑
의 대부大夫. 전쟁에 나가 용맹을 떨친 용감한 사람이었다.

14. 공자孔子께서 공명가公明賈[1]에게 공숙문자公叔文子[2]에 대해서 물어 보셨다.

"정말입니까? 그분 말도 하지 않고 웃지도 않고 물건을 함부로 받지도 않습니까?"

공명가公明賈가 대답했다.

"말을 전한 사람이 지나쳤습니다. 그분은 말해야 할 때가 되어야 말하므로 사람들이 그분의 말을 싫어하지 않으며, 즐거워진 뒤에야 웃으므로 사람들이 그분의 웃음을 싫어하지 않으며, 의義로운 것임을 확인한 후에 물건을 받으므로 사람들이 그가 받는 것을 싫어하지 않는 것입니다."

공자께서 말씀하셨다.

"그렇습니까? 어찌 그렇게 할 수가 있습니까?[3]"

子問公叔文子於公明賈曰 信乎? 夫子不言 不笑 不取乎? 公明
자문공숙문자어공명가왈 신호 부자불언 불소 불취호 공명
賈對曰 以告者過也. 夫子時然後言 人不厭其言 樂然後笑 人
가대왈 이고자과야   부자시연후언 인불염기언 낙연후소 인
不厭其笑 義然後取 人不厭其取. 子曰 其然? 豈其然乎?
불염기소 의연후취 인불염기취 자왈 기연   기기연호

주 1 公明賈 : 공숙문자公叔文子의 측근. 성은 공명公明, 이름은 가賈. 2 公叔文子 : 위衛나라의 대부大夫인 공손발公孫拔. 3 豈其然乎 : 문자文子가 그렇게까지 훌륭하다고는 믿지 않았다.

15. 공자孔子께서 말씀하셨다.

"장무중臧武仲¹이 방防² 고을에 근거를 두고서 노魯나라에 자기의 후계자를 세워주기를 요구하였는데, 비록 임금에게 강요하지 않았다고 하더라도 나는 그것을 믿지 않는다."

子曰 臧武仲以防求爲後於魯 雖曰不要君 吾不信也.
자왈 장무중이방구위후어노 수왈불요군 오불신야

주 1 臧武仲 : 장손씨臧孫氏, 이름은 흘紇, 시호는 무武. 노魯나라의 거족巨族인 맹씨孟氏와 계씨季氏 사이에서 득죄得罪하여 주邾로 망명했으나 다시 방防으로 돌아와서 이복 형인 장위臧爲를 방의 후계자로 봉封해주기를 청하여 다 들어주지 않으면 반란할 기세를 보였다. 2 防 : 장무중臧武仲의 봉지封地 이름.

16. 공자孔子께서 말씀하셨다.

"진晉나라 문공文公은 술수를 쓰고 올바르지 못했지만, 제齊나라의

환공桓公[1]은 올바르고 술수가 없었다."

子曰 晉文公譎而不正 齊桓公正而不譎.
자왈 진문공휼이부정 제환공정이불휼

주　1 文公·桓公 : 진晉나라의 문공文公과 제齊나라의 환공桓公은 춘추오패春秋五覇(제齊의 환공桓公·진秦의 문공文公·진의 목공穆公·송宋의 양공襄公·초楚의 장왕莊王) 중에서 가장 세력이 있었던 두 사람이다.

17. 자로子路가 여쭈었다.
"환공桓公이 공자公子 규糾를 죽였을 때, 소홀召忽은 규를 위해서 죽었으나 관중管仲은 죽지 않았습니다.[1] 말하자면, 그가 인仁하지 못하다고 해야겠지요."
공자孔子께서 말씀하셨다.
"환공이 제후를 규합하는 데 무력을 쓰지 않을 수 있었던 것은 관중의 힘이었다.[2] 누가 그의 인함만 하겠는가, 누가 그의 인함만 하겠는가!"

子路曰 桓公殺公子糾 召忽死之 管仲不死. 曰未仁乎? 子曰
자로왈 환공살공자규 소홀사지 관중불사　　왈미인호　　자왈
桓公九合諸候 不以兵車 管仲之力也. 如其仁 如其仁!
환공구합제후 불이병거 관중지력야　 여기인 여기인

주　1 桓公殺公子糾… : 규糾는 환공桓公의 형. 소홀召忽·관중管仲의 옹위로 제齊나라의 왕위를 차지하려고 양공襄公 때 싸웠으나 실패했고 포숙아鮑叔牙

가 옹립한 공자公子 소백小白이 왕위에 올랐으니 이가 곧 환공桓公이다. 노魯나라로 망명한 규糾는 노魯나라에 받아들여졌으나 제나라와의 싸움에서 패하여 제나라의 요구대로 규는 죽임을 당했고, 관중과 소홀은 죄수를 싣는 차에 실려서 제나라로 호송되었는데 소홀은 자살했으나 관중은 자살하지 않았고, 뒤에 포숙아鮑叔牙의 추천으로 환공에 의해서 기용되어 환공을 패자霸者로 만들었다. 2 桓公九合…: 환공이 제후의 맹주盟主가 되어 천하의 제후를 규합했으나 무력으로써 하지 않고 문치文治의 공功에 의해서 한 것은 환공의 덕이다.

18. 자공子貢이 여쭈었다.

"관중管仲은 인仁한 사람은 아닐 것입니다. 환공桓公이 공자公子 규糾를 죽였을 때 따라 죽지 못하고, 또 환공의 재상 노릇을 했습니다."

공자孔子께서 말씀하셨다.

"관중이 환공의 재상이 되어 제후들의 패주霸主가 되게 하고 천하를 통일하여 바로잡아서 백성들은 지금까지 그 혜택을 입고 있다. 관중이 없었다면 나는 머리를 풀고 옷섶을 왼쪽으로 여미는 오랑캐가 되어 있을 것이다.[1] 어찌 보통의 남녀들이 자잘한 신의를 위하여 개천에서 스스로 목매어 죽어도 알아줄 사람이 없는 것과 같겠느냐?[2]"

子貢曰 管仲非仁者與! 桓公殺公子糾 不能死 又相之. 子曰
자공왈 관중비인자여   환공살공자규 불능사 우상지 자왈
管仲相桓公 覇諸候 一匡天下 民到于今受其賜. 微管仲 吾
관중상환공 패제후 일광천하 민도우금수기사   미관중 오
其被髮左衽矣. 豈若匹夫匹婦之爲諒也 自經於溝瀆而莫之
기피발좌임의   기약필부필부지위량야 자경어구독이막지
知也?
지야

주 1 被髮左衽: 머리를 풀고 옷섶을 왼쪽으로 여미는 오랑캐의 풍속. 2 豈若匹夫匹婦⋯: 관중管仲이 소절小節에 구애되어 순직했더라면 천하에 큰 혜택을 주지 못했을 것이다.

19. 공숙문자公叔文子의 가신이었던 대부 선僎은 (문자의 추천으로) 문자文子와 함께 위공衛公의 조정에 나아가 벼슬을 했다.[1] 공자孔子께서 그 말을 들으시고 말씀하셨다.
"과연 시호諡號를 문文이라고 할 만하다.[2]"

公叔文子之臣大夫僎 與文子同升諸公. 子聞之曰 可以爲文矣.
공 숙 문 자 지 신 대 부 선 여 문 자 동 승 제 공   자 문 지 왈   가 이 위 문 의

주 1 與文子同升諸公: 신분을 돌보지 않고 자기의 가신을 추천하여 자기와 같은 대부大夫의 지위에 오르게 했다. 2 可以爲文矣: 송宋의 양시楊時는 공숙문자公叔文子가 사람을 알아볼 줄 아는 현명함, 자기 자신을 잊어버리는 허심탄회함, 임금을 섬기는 열정, 삼자三者를 가지고 있음을 지적했다. 옛날의 시법諡法에는 "백성에게 작위爵位를 주는 자者를 문文이라고 한다"라고 했다.

20. 공자孔子께서 위衛나라 영공靈公의 무도함을 말하자, 계강자季康子가 말했다.
"그렇다면 어찌하여 국군國君의 자리를 잃지 않았나요?"
공자께서 말씀하셨다.
"중숙어仲叔圉[1]가 빈객에 관한 일을 맡아보고, 축타祝鮀[2]가 종묘의

일을 맡아보고, 왕손가王孫賈³가 군사를 맡고 있습니다. 이같이 하고 있는데 어찌 국군의 자리를 잃게 되겠습니까?⁴"

子言衛靈公之無道也 康子曰 夫如是 奚而不喪? 孔子曰 仲叔
자언위영공지무도야 강자왈 부여시 해이불상 공자왈 중숙
圉治賓客 祝鮀治宗廟 王孫賈治軍旅 夫如是 奚其喪?
어치빈객 축타치종묘 왕손가치군려 부여시 해기상

주 1 仲叔圉 : 위衛나라의 공문자公文子. 2 祝鮀 : 옹야편雍也篇 제14장 참조. 3 王孫賈 : 팔일편八佾篇 제13장 참조. 4 夫如是奚其喪 : 무도無道하기는 했으나 인재를 적소適所에 썼기 때문에 국군國君의 자리를 유지할 수가 있었다.

21. 공자孔子께서 말씀하셨다.
 "자기가 한 말이 부끄럽게 되지 않아야 하는데, 그것을 실천하기가 어렵기 때문이다."

子曰 其言之不怍 則爲之也難.
자왈 기언지부작 즉위지야난

22. 진성자陳成子¹가 제齊나라 간공簡公을 시해弑害하자, 공자孔子께서 목욕재계하고 조정에 나아가 애공哀公에게 말씀하셨다.
 "진항陳恒이 그의 임금을 시해했으니, 그를 토벌하시기 바랍니다.²"
 애공哀公이 말했다.
 "그것을 저 세 집안 사람들³에게 말하시오."

공자孔子께서 말씀하셨다.

"내가 대부大夫의 말석末席에 있기 때문에 감히 말씀드리지 않을 수가 없었는데,[4] 임금께서는 '저 세 집안 사람들에게 말하라'고 하시는군요."

세 집안 사람들에게 가서 말하였으나 듣지 않자, 공자께서 말씀하셨다.

"내가 대부大夫의 말석末席에 있었기 때문에 감히 말씀드리지 않을 수가 없었습니다.[5]"

陳成子弑簡公 孔子沐浴而朝 告於哀公曰 陳恒弑其君 請討
진성자시간공 공자목욕이조 고어애공왈 진항시기군 청토
之. 公曰 告夫三子. 孔子曰 以吾從大夫之後 不敢不告也 君
지 공왈 고부삼자 공자왈 이오종대부지후 불감불고야 군
曰 告夫三子者. 之三子告 不可. 孔子曰 以吾從大夫之後 不
왈 고부삼자자 지삼자고 불가 공자왈 이오종대부지후 불
敢不告也.
감불고야

주 1 陳成子 : 이름은 항恒 또는 상常, 성成은 시호. 제齊나라의 대부大夫로서 실권자였는데 주군主君인 간공簡公을 죽이고 왕위를 빼앗았다. 2 請討之 : 임금을 살해하는 것은 비록 이웃나라의 일이라 할지라도 그 적을 치는 것이 의리인 데다 제齊나라와 노魯나라는 형제의 나라이므로 진성자陳成子를 치자고 한 것이다. 3 告夫三子 : 노나라의 실권자였던 세 집안 사람들. 맹손孟孫·숙손叔孫·계손季孫의 삼환三桓. 애공哀公의 힘은 벌써 약해져서 삼환은 제나라의 진씨陳氏와 같은 위치에 있었다. 애공이 마음대로 재가할 수 없는 처지에 있었던 것이다. 4 以吾從大夫之後… : 공자孔子가 대부로 있었던 의리상 그렇게 말했다고 한 것은 삼가三家를 풍자한 것이다. 5 不敢不告也 : 삼경三卿과의 회합에서 말한 것이거나 독화獨話일 것이다.

23. 자로子路가 임금을 섬기는 데 대해서 물어보자, 공자孔子께서 말씀하셨다.

"속이지 말고 거슬릴지라도 올바른 말을 하여라."

子路問事君 子曰 勿欺也 而犯之.
자로문사군 자왈 물기야 이범지

24. 공자孔子께서 말씀하셨다.

"군자는 높은 경지로 통달해가고, 소인은 비속한 데로 통달해간다."

子曰 君子上達 小人下達.
자왈 군자상달 소인하달

해설 군자는 천리天理에 따르기 때문에 고명한 경지로 향상해가고, 소인은 인욕人慾을 좇기 때문에 비속한 데로 떨어진다는 것을 말하고 있다.

25. 공자孔子께서 말씀하셨다.

"옛날의 공부하는 사람들은 자기 향상을 위해서 했는데, 지금의 공부하는 사람들은 남에게 인정받기 위해서 한다."

子曰 古之學者爲己 今之學者爲人.
자왈 고지학자위기 금지학자위인

해설 학문은 본래 자신의 인격 도야를 위한 것이어야 마땅한데, 지금은 남에게 인정을 받기 위한 수단으로 전락해가고 있는 것을 개탄한 말이다.

26. 거백옥蘧伯玉[1]이 공자孔子께 심부름하는 사람을 보냈다. 공자께서는 그와 함께 앉아서 물으셨다.

"선생께서는 무엇을 하고 계시오?"

그 사람이 대답했다.

"선생께서는 자기의 허물을 적게 하려고 하시지만 잘되지 않는 것 같습니다."

그 심부름 온 사람이 물러가자, 공자께서 말씀하셨다.

"훌륭한 심부름꾼이다, 훌륭한 심부름꾼이다![2]"

蘧伯玉使人於孔子. 孔子與之坐而問焉曰 夫子何爲? 對曰 夫子
거 백 옥 사 인 어 공 자 공 자 여 지 좌 이 문 언 왈 부 자 하 위   대 왈 부 자
欲寡其過 而未能也. 使者出 子曰 使乎 使乎!
욕 과 기 과 이 미 능 야   사 자 출 자 왈 사 호 사 호

주 1 蘧伯玉 : 위衛의 대부大夫. 자字는 자옥子玉, 백伯은 항렬. 2 使乎使乎 : 주인을 높여 찬양하는 동시에 사자使者로서의 예양을 다했기 때문에 훌륭한 사자使者라고 칭찬한 것이다.

27. 공자孔子께서 말씀하셨다.
"그 지위에 있지 않으면 그 정사政事를 거론해서는 안 된다."

子曰 不在其位 不謀其政.
자 왈 부 재 기 위 불 모 기 정

* 태백편泰伯篇 제14장과 중복.

28. 증자曾子가 말했다.
"군자는 생각하는 것이 자기 지위를 벗어나지 않는다."

曾子曰 君子思不出其位.
증 자 왈 군 자 사 불 출 기 위

29. 공자孔子께서 말씀하셨다.
"군자는 자신의 말이 자신의 행동보다 지나친 것을 부끄러워한다."

子曰 君子恥其言而過其行.
자 왈 군 자 치 기 언 이 과 기 행

30. 공자孔子께서 말씀하셨다.
"군자의 도道에는 세 가지가 있는데, 나는 그것을 행하지 못하고 있다. 인仁한 사람은 근심하지 않고, 지혜로운 사람은 미혹에 빠지지 않고, 용감한 사람은 두려워하지 않는다."
자공子貢이 말했다.
"선생님께서 자신에 대해서 말씀하신 것입니다.[1]"

子曰 君子道者三 我無能焉. 仁者不憂 知者不惑 勇者不懼.
자 왈 군 자 도 자 삼 아 무 능 언   인 자 불 우 지 자 불 혹 용 자 불 구
子貢曰 夫子自道也.
자 공 왈 부 자 자 도 야

주 1 夫子自道也 : 행하지 못하고 있다는 것은 겸사謙辭이고, 공자 자신이 그러한 사람이다.

31. 자공子貢이 남을 비평하자, 공자孔子께서 말씀하셨다.
"사賜(자공)는 현명한가 보구나? 나는 그럴 여가가 없는데.[1]"

子貢方人 子曰 賜也賢乎哉? 夫我則不暇.
자 공 방 인 자 왈 사 야 현 호 재 . 부 아 즉 불 가

주 1 夫我則不暇 : 남의 장단점을 골라 비평하는 것을 못마땅하게 여겨 완곡하게 꾸짖은 것이다.

32. 공자孔子께서 말씀하셨다.
"남이 나를 알아주지 않는 것을 걱정하지 말고, 내가 능력이 없

는 것을 걱정하라."

子曰 不患人之不己知 患其不能也.
자왈 불환인지불기지 환기불능야

해설 자기 확립을 앞세우는 '위기지학爲己之學'은 항상 자각自覺과 자성自省을 중요시하며, 자기 인격의 향상과 자기 능력의 배양만을 문제 삼지 남의 평가를 문제 삼지 않는다.

33. 공자孔子께서 말씀하셨다.

"남이 나를 속일 거라고 미리 경계하지도 않고, 남이 나를 믿지 않을 것이라고 억측하지 않으면서도, 남의 마음을 먼저 깨달아 아는 사람이야말로 현명한 사람이다!"

子曰 不逆詐 不億不信 抑亦先覺者 是賢乎!
자왈 불역사 불억불신 억역선각자 시현호

34. 미생무微生畝[1]가 공자孔子에게 말했다.

"당신은 무엇 때문에 여기저기 돌아다니는 거요? 말재주 부리려고 그러는 것이 아니오?"

공자孔子께서 말씀하셨다.

"감히 말재주 부리려는 것이 아니고, 세상이 고루함을 가슴 아파해서 그럴 뿐입니다."

微生畝謂孔子曰 丘何爲是栖栖者與? 無乃爲佞乎? 孔子曰 非
미 생 무 위 공 자 왈   구 하 위 시 서 서 자 여   무 내 위 녕 호   공 자 왈   비

敢爲佞也 疾固也.
감 위 녕 야   질 고 야

주 1 微生畝 : 미생微生은 성, 무畝는 이름. 공자의 이름을 부른 것으로 보아 나이와 덕이 많은 당대의 은자隱者 또는 선각자였던 것 같다.

35. 공자孔子께서 말씀하셨다.

"천리마는 그 힘 때문에 일컬어지는 것이 아니고, 그 덕성德性 때문에 그렇게 일컬어지는 것이다."

子曰 驥不稱其力 稱其德也.
자 왈   기 불 칭 기 력   칭 기 덕 야

해설 천리마는 잘 달리는 힘보다도 훈련을 잘 받아 주인이 시키는 대로 꾸준히 뛰기에 그렇게 일컬어진다. 달사達士도 타고난 재능보다는 꾸준히 닦은 덕德 때문에 달사라 일컬음을 받는다.

36. 어떤 사람이 말했다.

"덕德으로 원한을 갚으면 어떻겠습니까?"

공자孔子께서 말씀하셨다.

"그러면 덕에는 무엇으로 갚겠느냐? 정직함[1]으로써 원한을 갚고, 덕으로써 덕을 갚아야 할 것이다."

或曰 以德報怨 何如? 子曰 何以報德? 以直報怨 以德報德.
혹왈 이덕보원 하여 자왈 하이보덕 이직보원 이덕보덕

주 1直 : 공평무사公平無私의 도道, 또는 정직正直.

37. 공자孔子께서 말씀하셨다.

"나를 알아주는 사람은 없구나!"

자공子貢이 여쭈었다.

"어찌하여 선생님을 알아주는 사람이 없다고 하십니까?"

공자께서 말씀하셨다.

"나는 하늘을 원망하지도 않고, 사람을 탓하지도 않는다. 낮은 것을 배워서 높은 것까지 통달했으니, 나를 알아주는 자는 저 하늘뿐일 게다."

子曰 莫我知也夫! 子貢曰 何爲其莫知子也? 子曰 不怨天 不
자왈 막아지야부 자공왈 하위기막지자야 자왈 불원천 불
尤人. 下學而上達 知我者其天乎!
우인 하학이상달 지아자기천호

38. 공백료公伯寮가 계손씨季孫氏에게 자로子路를 참소했다. 자복경백子服景伯[1]이 그 일을 공자孔子께 아뢰었다.

"그분(계손씨)은 틀림없이 공백료公伯寮의 말에 마음이 미혹되어 있습니다. 제 힘으로도 능히 그를 죽여서 시체를 저자나 조정에 내걸 수가 있습니다."

공자께서 말씀하셨다.

"올바른 도道가 행하여지게 되는 것도 운명이고, 올바른 도가 없어지게 되는 것도 운명이다. 공백료가 운명을 어찌하겠느냐!"

公伯寮愬子路於季孫. 子服景伯以告曰 夫子固有惑志於公
공 백 료 소 자 로 어 계 손   자 복 경 백 이 고 왈   부 자 고 유 혹 지 어 공
伯寮. 吾力猶能肆諸市朝. 子曰 道之將行也與 命也 道之將
백 료   오 력 유 능 사 저 시 조   자 왈 도 지 장 행 야 여 명 야 도 지 장
廢也與 命也. 公伯寮其如命何?
폐 야 여 명 야   공 백 료 기 여 명 하

주 1 子服景伯 : 노魯나라의 대부大夫. 자복씨子服氏. 이름은 하何, 경景은 시호, 백伯은 자字.

39. 공자孔子께서 말씀하셨다.

"현명한 사람은 어지러운 세상을 피하고, 그 다음은 혼란한 나라¹를 피하고, 그 다음은 얼굴빛²을 보고 피하고, 그 다음은 말³이 안 통하면 피한다."

子曰 賢者辟世 其次辟地 其次辟色 其次辟言.
자 왈 현 자 피 세   기 차 피 지   기 차 피 색   기 차 피 언

주 1 地 : 조정 또는 일정한 땅으로 풀이하기도 한다. 2 色 : 임금의 안색 또는 여색女色으로 풀이하기도 한다. 3 言 : 임금의 태도.

해설 난세亂世에 처했을 때, 명철보신明哲保身의 도리에 네 가지가 있음을 말한 것이다.

40. 공자孔子께서 말씀하셨다.
"그렇게 한 사람¹은 일곱 사람²이다."

子曰 作者七人矣.
자왈 작자칠인의

주 1 作者 : 그렇게 한 사람, 세상을 피해 산 사람. 2 七人 : 이설이 많아 정확히 알 수가 없다. 정현鄭玄은 '칠七'을 '십十'의 오자誤字로 보고 백이伯夷·숙제叔齊·우중虞仲·하조荷篠·장저長沮·걸닉桀溺·유하혜柳下惠·소연小連·하궤荷簣·초광접여楚狂接輿, 열 사람을 들었고, 왕필王弼은 백이伯夷·숙제叔齊·우중虞仲·이일夷逸·주장朱張·유하혜柳下惠·소연少連을, 포함包咸은 장저長沮·걸닉桀溺·자인丈人·석문石門(신문晨門)·하궤荷簣·의봉인儀封人·초광접여楚狂接輿를 들고 있다.

41. 자로子路가 석문石門¹ 근처에서 묵게 되었는데, 문지기가 물었다.
"어디서 오셨습니까?"
자로子路가 말했다.
"공씨孔氏 댁에서 왔소이다."
문지기가 말했다.
"안 되는 것을 알면서도 그 일을 하는 그 사람 말인가요?²"

子路宿於石門 晨門曰 奚自? 子路曰 自孔氏. 曰 是知其不可
자로숙어석문 신문왈해자 자로왈 자공씨 왈 시지기불가
而爲之者與?
이위지자여

주　1 石門 : 노魯나라 성城의 외문外門. 2 是知其不可… : 인간의 현실 사회에 대한 집념을 끝까지 버리지 않는 사람을 말한다.

해설　공자孔子가 주유천하周遊天下를 마치고 자로子路를 데리고 고국故國인 노魯나라로 돌아갈 때의 일인 것 같다.

42. 공자孔子께서 위衛나라에서 경磬[1]을 치고 계셨는데, 삼태기를 지고 공자孔子 집의 문 앞을 지나가던 어떤 사람이 말했다.

"마음속에 생각하는 것이 있나 보다, 경을 치는 것이!"

경 소리가 멎자, 다시 말했다.

"비루하구나, 그 땡땡거리는 소리가! 자기를 알아주는 사람이 없으면 거기에서 그치고 말아야지! 물이 깊으면 옷을 벗고 건너면 되고, 물이 얕으면 옷을 걷어 올리고 건너면 될 것이다.[2]" 이에 공자께서 말씀하셨다.

"과감하구나, 그렇게 산다면 어려울 게 없겠지![3]"

子擊磬於衛 有荷簣而過孔氏之門者 曰 有心哉 擊磬乎. 旣而曰
자격경어위 유하궤이과공씨지문자 왈 유심재 격경호　　기이왈
鄙哉 硜硜乎. 莫己知也 斯已而已矣. 深則厲 淺則揭. 子曰
비재 갱갱호　　막기지야 사이이이의　　심즉려 천즉게 자왈

果哉 末之難矣!
과재 미지난의

주 1磬 : 돌로 만든 타악기의 일종. 2 深則厲 :《시경詩經》패풍편邶風篇의 시구詩句. 3 果哉… : 세상을 등지고 은자가 되기는 오히려 쉬운 것이다. 그러나 세상을 구제하지 않고 저버리고 떠나기란 정말 어려운 것이다.

43. 자장子張이 말했다.

"《서경書經》에서는 말하기¹를 고종高宗이 묘막墓幕에서 3년 동안 말을 하지 않았다고 하였는데, 무슨 뜻입니까?"

공자孔子께서 말씀하셨다.

"어찌 고종만 그러했겠느냐? 옛사람들은 모두 그러했다. 임금이 돌아가시면 모든 관원들은 자기의 직책을 수행하며 3년 동안 총재冢宰²의 지휘에 따랐다.³"

子張曰 書云 高宗諒陰 三年不言. 何謂也? 子曰 何必高宗? 古之
자장왈 서운 고종양음 삼년불언 하위야 자왈 하필고종 고지
人皆然. 君薨 百官總己 以聽於冢宰三年.
인개연 군훙 백관총기 이청어총재삼년

주 1書云 :《서경》의 말이란,《주서周書》무일편無逸篇에 은殷나라 고종高宗에 관한 말에 나오는 것을 뜻한다. 2 冢宰 : 재상. 지금의 국무총리. 3 君薨… : 새로 왕위를 계승한 자는 정사政事에 대해서 발언하지 않았다.

44. 공자孔子께서 말씀하셨다.

"윗자리에 있는 사람이 예禮를 좋아하면 백성들은 부리기 쉬워진다."

子曰 上好禮 則民易使也.
자왈 상호례 즉민이사야

45. 자로子路가 군자에 대해서 물어보자, 공자孔子께서 말씀하셨다.

"경건한 마음으로 자기를 수양해야 한다."

자로가 물었다.

"그렇게 하면 됩니까?"

공자께서 말씀하셨다.

"자기 수양을 해서 남을 편안하게 해주어야 한다."

다시 자로가 물었다.

"그렇게 하면 됩니까?"

공자께서 말씀하셨다.

"자기 수양을 해서 백성을 편안하게 해주어야 한다. 자기 수양을 해서 백성을 편안하게 해주는 일은 요堯임금이나 순舜임금도 힘들었던 것이다."

子路問君子 子曰 修己以敬. 曰 如斯而已乎? 曰 修己以安人.
자로문군자 자왈 수기이경 왈 여사이이호 왈 수기이안인
曰 如斯而已乎? 曰 修己以安百姓. 修己以安百姓 堯舜其猶病諸.
왈 여사이이호 왈 수기이안백성 수기이안백성 요순기유병저

해설 '수기修己'와 '치인治人', 즉 '자기완성自己完成'과 '타자완성他者完成'은 표리일체적인 관계에 있어야 할 것임을 말한 것이다.

46. 원양原壤¹이 쭈그리고 앉아서 기다리고 있는데, 공자께서 말씀하셨다.

"어릴 때에는 공손하지 않았고, 자라서는 내세울 만한 일을 한 것이 없고, 늙어서 죽지도 않고 있으면 이것이 바로 해로운 존재이다."

이렇게 말씀하시면서 지팡이로 그의 정강이를 두드리셨다.

原壤夷俟 子曰 幼而不孫弟 長而無述焉 老而不死 是爲賊. 以
원 양 이 사 자 왈 유 이 불 손 제 장 이 무 술 언 노 이 불 사 시 위 적   이
杖叩其脛.
장 고 기 경

주 1 原壤 : 노魯나라 사람. 공자孔子의 지인知人.

47. 궐闕 마을¹의 어린이가 손님 접대를 하고 있었다. 어떤 사람이 그 어린이에 대해서 물어보았다.

"배우려고 하는 아이입니까?"

공자孔子께서 말씀하셨다.

"그 아이가 어른들 자리에 끼어 앉고, 손윗사람들과 나란히 걸어다니고 있는 것을 보면, 배우고자 하는 아이가 아니고 빠른 성취를 바라는 아이 같습니다.²"

闕黨童子將命 或問之曰 益者與? 子曰 吾見其居於位也 見其
궐 당 동 자 장 명   혹 문 지 왈   익 자 여   자 왈   오 견 기 거 어 위 야   견 기
與先生竝行也. 非求益者也 欲速成者也.
여 선 생 병 행 야   비 구 익 자 야   욕 속 성 자 야

주 1 闕黨 : 공자孔子의 집이 있던 마을 이름으로 생각된다. 2 見其與… : 젊은이는 자리가 없이 구석에 앉아 있는 법이고, 아버지와 동년배의 사람과 걸을 때에는 뒤에서 따라가는 법인데, 이 아이는 이를 어기고 있었다.

제15편
위衛영靈공公

1. 위衛나라 영공靈公이 공자孔子께 군대의 진법陣法에 대한 일을 물어보자, 공자께서 대답하셨다.

"제기祭器를 다루는 일은 들어서 압니다마는 군대에 대한 일은 배우지 못했습니다.¹"

그리고 다음날 영공靈公 곁을 떠나셨다.²

진陳나라에 있을 때 식량은 떨어지고 따르던 사람들은 병들어 일어나지를 못하였다. 자로子路가 화가 나서 공자를 찾아뵙고 말씀드렸다.

"군자도 곤궁해질 때가 있습니까?"

공자께서 말씀하셨다.

"군자는 곤궁할 때도 자신을 굳게 지키지만, 소인은 곤궁하게 되면 함부로 행동한다."

衛靈公問陳於孔子 孔子對曰 俎豆之事 則嘗聞之矣 軍旅之事
위 영 공 문 진 어 공 자 공 자 대 왈 조 두 지 사 즉 상 문 지 의 군 려 지 사
未之學也. 明日遂行. 在陳絶糧 從者病 莫能興. 子路慍見曰
미 지 학 야 명 일 수 행 재 진 절 량 종 자 병 막 능 흥 자 로 온 현 왈
君子亦有窮乎? 子曰 君子固窮, 小人窮斯濫矣.
군 자 역 유 궁 호   자 왈 군 자 고 궁   소 인 궁 사 람 의

주 1 俎豆之事… : 제사 때 어떤 조두俎豆를 어떻게 진열하는가 하는 예禮에 대해서는 알고 있지만 군대의 진법에 대한 것은 모른다. 2 明日遂行 : 공자孔子의 의도는 임금을 교도해서 덕치德治를 하게 하는 데 있는데, 영공靈公은 전쟁에만 관심을 갖고 있기 때문에 이를 안 공자는 실망하고 떠난다.

2. 공자孔子께서 말씀하셨다.

"사賜(자공)야! 너는 내가 많이 배워서 그것들을 모두 기억하고 있는 사람이라고 생각하느냐?"

자공이 대답했다.

"그렇습니다. 그렇지 않으신가요?"

공자께서 말씀하셨다.

"그렇지 않다. 나는 하나로써 모든 것을 꿰뚫고 있을 따름이다."

子曰 賜也! 女以予爲多學而識之者與? 對曰 然. 非與? 曰 非也.
자 왈 사 야 여 이 여 위 다 학 이 지 지 자 여 대 왈 연 비 여 왈 비 야
予一以貫之.
여 일 이 관 지

3. 공자孔子께서 말씀하셨다.

"유由(자로)야! 덕德을 아는 사람이 드물구나."

子曰 由. 知德者鮮矣.
자 왈 유 지 덕 자 선 의

4. 공자孔子께서 말씀하셨다.

"몸소 하는 일 없이 천하를 다스린 사람은 순舜임금일 것이다. 대체 그분이 무엇을 하였겠는가?[1] 자기 몸을 공손히 하고서 바르게 남면南面[2]하고 있었을 뿐이다."

子曰 無爲而治者 其舜也與. 夫何爲哉. 恭己正南面而已矣.
자왈 무위이치자 기순야여 부하위재 공기정남면이이의

주 1 夫何爲哉 : 권모술수를 쓰지 않고 덕으로 백성을 다스려서 감화케 했을 따름이다. 2 南面 : 천자天子나 제후가 정사를 처리할 때에 취하는 위치가 남면南面(바르게 남쪽을 향해 앉는 것)이니, 임금의 자리에 바로 앉아 있었을 따름임을 뜻한다.

5. 자장子張이 도道가 행해질 수 있는가에 대해서 물어보자, 공자孔子께서 말씀하셨다.

"말이 성실하고 신의가 있으며, 행동이 돈독하고 경건하면 비록 오랑캐의 나라에서도 통할 수 있을 것이다. 말에 성실성과 신의가 없고, 행동이 돈독하고 경건하지 않으면 비록 제 고을에서인들 통하겠느냐? 서 있을 때에는 이러한 말들이 눈앞에 늘어서 있는 것같이 보고, 수레에 타고 있을 때에도 이러한 말들이 멍에에 걸려 있는 것같이 보고 있어야만 어디서나 통하게 될 것이다."

자장子張은 이 말을 자기 띠 자락에다 적어두었다.

子張問行 子曰 言忠信 行篤敬 雖蠻貊之邦行矣. 言不忠信
자장문행 자왈 언충신 행독경 수만맥지방행의 언불충신
行不篤敬 雖州里行乎哉? 立則見其參於前也 在輿則見其倚
행불독경 수주리행호재 입즉견기참어전야 재여즉견기의
於衡也 夫然後行. 子張書諸紳.
어형야 부연후행 자장서저신

제15편 위영공衛靈公 273

6. 공자孔子께서 말씀하셨다.

"곧도다, 사어史魚¹는! 나라에 올바른 도道가 행해지고 있을 때에도 살대와 같이 곧았고, 나라에 올바른 도가 행해지지 않을 때도 살대같이 곧았다. 군자로다, 거백옥蘧伯玉²은! 나라에 올바른 도가 행해지고 있을 때는 벼슬을 하고, 나라에 올바른 도가 행해지지 않을 때는 재능을 거두어 숨을 수가 있었으니."

子曰 直哉史魚! 邦有道 如矢 邦無道 如矢. 君子哉蘧伯玉!
자왈 직재사어 방유도 여시 방무도 여시 군자재거백옥
邦有道則仕 邦無道 則可卷而懷之.
방유도즉사 방무도 즉가권이회지

주 1 史魚 : 위衛나라의 대부大夫. 사史는 관명官名, 이름은 추鰌, 자어子魚는 자字. 2 蘧伯玉 : 위衛나라의 대부. 헌문편憲問篇 제26장 참조.

해설 사어史魚는 곧다 하고 거백옥蘧伯玉은 군자라 했으니, 외곬보다는 행장진퇴行藏進退가 임기응변하여 시時에 준하는 태도를 더 높게 평한 것 같다.

7. 공자孔子께서 말씀하셨다.

"함께 말할 만한 사람인데도 그와 함께 말하지 않으면 사람을 잃게 되고, 함께 말할 만한 사람이 아닌데도 그와 함께 말하면 쓸데없는 말이 된다. 지혜로운 사람은 사람을 잃지도 않고 또한 쓸데없는 말도 하지 않는다."

子曰 可與言而不與之言 失人 不可與言而與之言 失言. 知者
不失人 亦不失言.
자왈 가여언이불여지언 실인 불가여언이여지언 실언 지자
불실인 역불실언

8. 공자孔子께서 말씀하셨다.

"지사志士¹와 인인仁人²은 삶을 추구하기 위해 인仁을 해치는 일이 없고, 자기 몸을 죽여서라도 인을 이룩한다.³"

子曰 志士仁人 無求生以害仁 有殺身以成仁.
자왈 지사인인 무구생이해인 유살신이성인

주 1 志士 : 인仁의 도道를 행하는 사람. 의義에 발분해서, 도를 행하기 위해서 용감하게 나아가는 사람. 2 仁人 : 인의 덕德을 갖추어 갖고 있는 사람. 3 殺身以成仁 : 육체적인 생명을 희생해가면서도 영원한 인간적인 생명(정신적)인 '인'을 구현한다는 뜻이다.

9. 자공子貢이 인仁을 실천하는 데 대해서 물어보자, 공자孔子께서 말씀하셨다.

"공인工人이 그 일을 잘하려면 반드시 먼저 그의 연장을 날카롭게 해야만 한다. 어떤 나라에 살든지 그 나라의 대부大夫 중에서 현명한 사람을 섬기고, 그 나라의 선비 중에서 인한 사람을 벗으로 사귀어야 한다."

子貢問爲仁 子曰 工欲善其事 必先利其器. 居是邦也 事其大
자공문위인 자왈 공욕선기사 필선리기기 거시방야 사기대
夫之賢者 友其士之仁者.
부지현자 우기사지인자

10. 안연顏淵이 나라를 다스리는 일에 대해서 물어보자, 공자孔子께서 말씀하셨다.

"하夏나라의 역법曆法¹을 사용하고, 은殷나라의 수레를 타고,² 주周나라의 예관禮冠³을 쓰고, 음악은 소무韶舞로 할 것이며, 정鄭나라의 음악을 추방하고, 간사한 사람을 멀리할 것이다. 정나라의 음악은 음탕하고, 간사한 사람은 위태롭기 때문이다."

顏淵問爲邦 子曰 行夏之時 乘殷之輅 服周之冕 樂則韶舞,
안연문위방 자왈 행하지시 승은지로 복주지면 악즉소무
放鄭聲 遠佞人. 鄭聲淫 佞人殆.
방정성 원녕인 정성음 녕인태

주 1 行夏之時: 하夏나라에서는 인월寅月을 세수歲首로 하였으니, 농사하는 데는 편리했다. 2 乘殷之輅: 은殷나라에서 '초輅'라는 나무로 만든 수레는 주周나라의 수레에 비하여 질박하고도 실용적인 것이었다. 3 冕: 위에 평판平板이 붙어 있고 앞뒤에 수실이 붙어 있는 예관禮冠.

11. 공자孔子께서 말씀하셨다.

"사람이 멀리 내다보고 생각하는 바가 없으면 반드시 가까운 데서 근심이 생긴다."

子曰 人無遠慮 必有近憂.
자왈 인무원려 필유근우

12. 공자孔子께서 말씀하셨다.

"다 되었구나! 나는 아직 덕德을 좋아하기를 여색女色을 좋아하듯 하는 사람을 보지 못하였다."

子曰 已矣乎. 吾未見好德 如好色者也.
자왈 이의호 오미견호덕 여호색자야

13. 공자孔子께서 말씀하셨다.

"장문중臧文仲[1]은 그 벼슬자리를 도둑질한 사람이다. 유하혜柳下惠[2]가 현명하다는 것을 알면서도 그와 함께 조정에 서지 않았다."

子曰 臧文仲其竊位者與. 知柳下惠之賢而不與立也.
자왈 장문중기절위자여   지유하혜지현이불여립야

주 1 臧文仲: 공야장편公冶長篇 제17장 참조. 2 柳下惠: 노魯나라의 대부大夫. 성은 전展, 이름은 확獲, 자는 자금子禽, 혜惠는 시호. 미자편微子篇 제2장 참조.

14. 공자孔子께서 말씀하셨다.

"자기 자신에 대해서는 엄하게 책責하고, 남에 대해서는 가벼이 책한다면, 남의 원망에서 멀어질 것이다."

> 子曰 躬自厚 而薄責於人 則遠怨矣.
> 자왈 궁자후 이박책어인 즉원원의

15. 공자孔子께서 말씀하셨다.
"어떻게 하면 될까, 어떻게 하면 될까 하고 말하지 않는 사람은 나도 어찌 할 수 없다."

> 子曰 不曰如之何 如之何者 吾末如之何也已矣.
> 자왈 불왈여지하 여지하자 오말여지하야이의

해설 자발적으로 도道를 구하는 자가 아니면 지도해주어도 소용이 없다는 뜻이니, 교육에 있어서 자발적인 자기 활동과 계발적인 교육 방법을 주로 삼고 있음을 나타낸 말이다.

16. 공자孔子께서 말씀하셨다.
"종일토록 여럿이 모여 앉아서 하는 말이 의로운 것에 관해서는 없고, 잔꾀나 부리기를 좋아한다면 올바른 사람 되기는 어렵다."

> 子曰 羣居終日 言不及義 好行小慧 難矣哉!
> 자왈 군거종일 언불급의 호행소혜 난의재

17. 공자孔子께서 말씀하셨다.
 "군자는 의義를 바탕으로 삼고 예禮로써 그것을 행하며, 겸손한 태도로써 그것을 표현하며, 신의信義로써 그것을 완성한다. 그래야만 군자인 것이다!"

子曰 君子義以爲質 禮以行之 孫以出之 信以成之. 君子哉!
자왈 군자의이위질 예이행지 손이출지 신이성지 군자재

18. 공자孔子께서 말씀하셨다.
 "군자는 자기가 재능이 없는 것을 괴로워하지만, 남이 자기를 알아주지 않는 것을 괴로워하지 않는다."

子曰 君子病無能焉 不病人之不己知也.
자왈 군자병무능언 불병인지불기지야

19. 공자孔子께서 말씀하셨다.
 "군자는 세상을 떠난 뒤에 이름이 일컬어지지 않는 것을 괴로워한다."

子曰 君子疾沒世而名不稱焉.
자왈 군자질몰세이명불칭언

20. 공자孔子께서 말씀하셨다.

"군자는 책임을 자기에게서 추궁하고, 소인은 그것을 남에게 추궁한다."

子曰 君子求諸己 小人求諸人.
자왈 군자구제기 소인구제인

21. 공자孔子께서 말씀하셨다.

"군자는 긍지를 가졌으면서도 다투지 않고, 여러 사람과 어울리면서도 편당偏黨적으로 굴지 않는다."

子曰 君子矜而不爭 羣而不黨.
자왈 군자긍이부쟁 군이부당

22. 공자孔子께서 말씀하셨다.

"군자는 말만 듣고서 그 사람을 천거하지 않고[1], 사람만 보고서 그의 말까지 버리지 않는다.[2]"

子曰 君子不以言擧人 不以人廢言.
자왈 군자불이언거인 불이인폐언

주 1 不以言擧人 : 그 사람의 말만을 듣고 그를 벼슬자리에 천거하지 않음을 뜻한다. 2 不以人廢言 : 그 사람의 신분이나 외모만을 보고서 그의 말까지 무조건 폐기하지 않음을 뜻한다.

23. 자공子貢이 물었다.

"한마디로 평생토록 행할 만한 것이 있습니까?"

공자孔子께서 말씀하셨다.

"그것은 아마도 서恕[1]일 것이다! 자기가 바라지 않는 것은 남에게도 하지 마라"라는 것이지.

子貢問曰 有一言而可以終身行之者乎! 子曰 其恕乎! 己所不
자공문왈 유일언이가이종신행지자호 자왈 기서호 기소불
欲 勿施於人.
욕 물시어인

주 1 恕 : '서恕'는 '추기급인推己及人'이니, 자기 마음을 미루어 남의 마음을 헤아리는 것을 뜻한다. 소극적으로는 '자기가 바라지 않는 것은 남에게 베풀지 마라'로 말할 수가 있고, 적극적으로는 '자기가 자립하고 싶거든 남을 자립하게 해주고, 자기가 성취하고 싶으면 남을 성취하게 해준다'(옹야편雍也篇 제28장)로 설명할 수가 있다.

24. 공자孔子께서 말씀하셨다.

"내가 사람들에 대해서 누구를 헐뜯고 누구를 칭찬하더냐? 만약 칭찬해준 사람이 있다면 그것은 시험해 본 바가 있어서이다. 지금의 백성들은 삼대[1]를 통하여 올바른 도가 행해지고 있는 사람들이기 때문이다."

子曰 吾之於人也 誰毀誰譽? 如有所譽者 其有所試矣. 斯民也
자왈 오지어인야 수훼수예 여유소예자 기유소시의 사민야

三代之所以直道而行也.
삼대지소이직도이행야

주 1 三代 : 하夏 · 은殷 · 주周 세 왕조王朝.

25. 공자孔子께서 말씀하셨다.
"나는 그래도 사관史官이 분명치 않은 것은 쓰지 않고 비워두는 일과 말馬을 가진 사람이 남에게 빌려주어 타게 하는 것을 볼 수가 있었는데, 지금은 이런 것들이 없어졌다."

子曰 吾猶及史之闕文也 有馬者借人乘之 今亡矣夫.
자왈 오유급사지궐문야 유마자차인승지 금망의부

26. 공자孔子께서 말씀하셨다.
"간교한 말은 덕德을 어지럽히고, 작은 것을 참아내지 못하면 큰 계획을 어지럽힌다."

子曰 巧言亂德 小不忍則亂大謀.
자왈 교언난덕 소불인즉란대모

27. 공자孔子께서 말씀하셨다.
"많은 사람들이 미워하더라도 반드시 살펴보아야 하고, 많은 사람들이 좋아하더라도 반드시 살펴보아야 한다."

子曰 衆惡之 必察焉 衆好之 必察焉.
자왈 중오지 필찰언 중호지 필찰언

28. 공자孔子께서 말씀하셨다.
"사람이 도道를 넓힐 수 있는 것이지, 도가 사람을 넓히는 것은 아니다."

子曰 人能弘道 非道弘人.
자왈 인능홍도 비도홍인

29. 공자孔子께서 말씀하셨다.
"잘못을 하고도 고치지 않으면 이것이 바로 잘못이다."

子曰 過而不改 是謂過矣.
자왈 과이불개 시위과의

30. 공자孔子께서 말씀하셨다.
"나는 일찍이 온종일 먹지도 않고 밤새도록 자지도 않고 사색해 보았으나 유익한 게 없었고 배우는 것만 못했다."

子曰 吾嘗終日不食 終夜不寢 以思 無益 不如學也.
자왈 오상종일불식 종야불침 이사 무익 불여학야

31. 공자孔子께서 말씀하셨다.

"군자는 도道를 추구하지 먹을 것을 추구하지 않는다. 농사를 지어도 굶주림이 그 가운데 있을 것이지만, 학문을 하면 녹祿이 그 가운데 있게 된다. 군자는 도를 걱정하지 가난을 걱정하지 않는다."

子曰 君子謀道 不謀食. 耕也 餒在其中矣 學也 祿在其中矣.
자왈 군자모도 불모식 경야 뇌재기중의 학야 녹재기중의
君子憂道不憂貧.
군자우도불우빈

32. 공자孔子께서 말씀하셨다.

"지혜가 거기에 미친다 하더라도[1] 인仁이 그것을 지킬 수 없으면, 비록 그것[2]을 얻었다 해도 반드시 잃고 말 것이다. 지혜가 거기에 미치고 인仁이 그것을 지킬 수 있다 하더라도 장중한 자세로 그것에 임하지 않으면 백성들은 존경하지 않을 것이다. 지혜가 거기에 미치고 인仁이 그것을 지킬 수 있고 장중한 자세로 그것에 임한다 하더라도 그들을 움직이는 데 예禮로써 하지 않는다면 잘 되지 않을 것이다."

子曰 知及之 仁不能守之 雖得之 必失之. 知及之 仁能守之 不
자왈 지급지 인불능수지 수득지 필실지 지급지 인능수지 부
莊以涖之 則民不敬. 知及之 仁能守之 莊以涖之 動之不以禮
장이리지 즉민불경 지급지 인능수지 장이리지 동지불이례
未善也.
미선야

주 1 知及之 : 지혜가 백성들을 다스릴 수 있는 정도에 미칠 수 있더라도.
2 得之 : '그것', 즉 얻는 대상을 '민民'이라 보아 임금의 태도를 말한 것으로서, 임금은 지知·인仁·장莊·예禮의 네 가지를 갖추어야 한다는 뜻으로 보기도 하고, 개인의 수양에 관한 일이라고 보아도 된다.

33. 공자孔子께서 말씀하셨다.
"군자는 작은 일은 알지 못해도 큰일은 맡아 할 수가 있으며, 소인은 큰일은 맡아 할 수 없어도 작은 일은 알아서 할 수 있다."

子曰 君子不可小知 而可大受也. 小人不可大受 而可小知也.
자왈 군자불가소지 이가대수야 소인불가대수 이가소지야

34. 공자孔子께서 말씀하셨다.
"백성에게는 인仁이 물과 불보다 더 중요하다. 나는 물과 불을 밟고 죽는 사람은 보았으나, 인仁을 밟고 죽는 사람은 보지 못했다."

子曰 民之於仁也 甚於水火. 水火 吾見蹈而死者矣 未見蹈仁
자왈 민지어인야 심어수화 수화 오견도이사자의 미견도인
而死者也.
이사자야

35. 공자孔子께서 말씀하셨다.
"인仁을 행하는 데 있어서는 스승에게도 양보하지 않아야 한다."

子曰 當仁 不讓於師.
자왈 당인 불양어사

36. 공자孔子께서 말씀하셨다.
"군자는 곧지만 무턱대고 고집하지는 않는다."

子曰 君子貞而不諒.
자왈 군자정이불량

37. 공자孔子께서 말씀하셨다.
"임금을 섬김에 있어서는 맡은 일을 경건히 수행하고, 봉록俸祿을 받는 것은 뒤로 한다."

子曰 事君 敬其事 而後其食.
자왈 사군 경기사 이후기식

38. 공자孔子께서 말씀하셨다.
"가르치게 되면 선인善人과 악인惡人의 구별이 없게 된다."

子曰 有教無類.
자왈 유교무류

해설 '가르침에 있어는 선악·귀천의 차별이 없다'로 풀이하기도 한다. '교육의 가능성' 또는 '교육의 보편주의'를 말한 것으로 풀이할 수가 있다.

39. 공자孔子께서 말씀하셨다.
"지향하고 있는 도道가 같지 않으면 함께 일을 꾀하지 않는다."

子曰 道不同 不相爲謀.
자 왈 도 부 동 불 상 위 모

40. 공자孔子께서 말씀하셨다.
"말은 뜻이 전달되기만 하면 된다."

子曰 辭達而已矣.
자 왈 사 달 이 이 의

41. 악사樂士 면冕¹이 뵈러 왔을 때 그가 계단에 이르자 공자孔子께서 "계단이오" 하고 말씀하시고, 자리에 이르자 공자께서 "자리요" 하고 말씀하시고, 모두가 앉자 공자께서 "아무개는 여기에 있고, 아무개는 여기에 있소" 하고 일러주었다.
악사 면冕이 나가자, 자장子張이 물었다.
"그렇게 하는 것이 장님 악사와 말할 때의 도리입니까?"
공자께서 말씀하셨다.

제15편 위영공衛靈公 287

"그렇다. 그것이 바로 장님 악사를 도와주는 도리이다."

師冕見 及階 子曰 階也 及席 子曰 席也 皆坐 子告之曰 某在
사면현 급계 자왈 계야 급석 자왈 석야 개좌 자고지왈 모재
斯 某在斯. 師冕出 子張問曰 與師言之道與? 子曰 然. 固相
사 모재사 사면출 자장문왈 여사언지도여 자왈 연 고상
師之道也.
사지도야

주 1冕 : 악사의 이름. 그 당시에 악사樂師는 모두 맹인이었다.

288

제16편

계<sub>季</sub>씨<sub>氏</sub>

1. 계씨季氏가 전유顓臾[1]를 치려고 할 때, 염유冉有와 계로季路가 공자孔子를 뵈옵고 말했다.

"계씨가 전유에 대하여 사단을 일으키려고 합니다."

공자께서 말씀하셨다.

"구求야, 너의 잘못도 없지 않다. 전유로 말하면 옛날 선왕先王[2]이 동몽산東蒙山[3]의 제주祭主로 삼았고, 또한 그의 땅이 노魯나라 역내域內에 있다. 그는 사직社稷의 신하[4]인데, 어찌하여 그를 치려고 하는가?"

염유가 말했다.

"대부大夫가 그렇게 하시려는 것이지, 저희 두 신하 모두가 원하지 않습니다."

공자께서 말씀하셨다.

"구求야, 주임周任[5]의 말에 '힘껏 노력하여 관직에 나아가고, 능력이 되지 않을 때에는 그만두어야 한다'고 하였다. 위험한데도 잡아주지 않고, 넘어지는데도 붙잡아주지 않는다면 장차 그러한 신하[6]를 어디에 쓰겠느냐? 그리고 또 네 말도 잘못이다. 범이나 들소[7]가 우리에서 뛰어나오고, 구갑龜甲이나 옥玉[8]이 궤 속에서 깨진다면 그것은 누구의 잘못이겠느냐?"

염유가 말했다.

"전유는 성곽이 견고하고 비읍費邑 가까이에 있기 때문에 지금 빼앗지 않으면 후세에 반드시 자손들의 근심거리가 될 것입니다."

공자께서 말씀하셨다.

"구야, 군자는 그것을 원한다고 솔직히 말하지 않고 꼭 그것을 위해 핑계를 대는 것을 싫어한다. 내가 듣기로는 '나라나 집안을 다스리는 사람은 적은 것을 걱정하지 않고 고르지 않은 것을 걱정하며, 가난한 것을 걱정하지 않고 마음이 편안하지 않은 것을 걱정한다'고 했다. 대체로 고르게 되면 가난함이 없을 것이고, 화평하면 적을 일이 없을 것이며, 편안하면 기울어지는 일이 없을 것이다. 그러므로 먼 곳의 사람들이 복종하지 않으면 학문의 덕德을 닦아서 따라오도록 할 것이고, 그들을 따라오게 했으면 그들을 안심하도록 해줄 것이다. 이제 유由와 구求는 계씨를 돕고 있으면서 먼 곳의 사람들이 복종치 않아도 따라오게 하지 못하며, 나라가 산산이 갈라지고 있는데도 지키지를 못하고 있다. 그러면서도 전쟁을 일으키려고 하고 있으니 내가 두려워하는 것은, 계손季孫의 근심은 전유顓臾에게 있지 않고 그의 담장 안에 있다는 것이다."

季氏將伐顓臾 冉有季路見於孔子曰 季氏將有事於顓臾. 孔子曰 求! 無乃爾是過與? 夫顓臾 昔者先王以爲東蒙主 且在邦域之中矣. 是社稷之臣也 何以伐爲? 冉有曰 夫子欲之 吾二臣者 皆不欲也. 孔子曰 求! 周任有言曰 陳力就列 不能者止. 危而不持 顚而不扶 則將焉用彼相矣? 且爾言過矣. 虎兕出於柙 龜玉毁於櫝中 是誰之過與? 冉有曰 今夫顓臾固而近

於費. 今不取 後世必爲子孫憂. 孔子曰 求! 君子疾夫舍曰欲
어비 금불취 후세필위자손우 공자왈 구 군자질부사왈욕
之 而必爲之辭. 丘也聞 有國有家者 不患寡而患不均 不患
지 이필위지사   구야문 유국유가자 불환과이환불균 불환
貧而患不安. 蓋均無貧 和無寡 安無傾. 夫如是 故遠人不服
빈이환불안 개균무빈 화무과 안무경 부여시 고원인불복
則修文德以來之 旣來之 則安之. 今由與求也 相夫子 遠人不
즉수문덕이래지 기래지 즉안지 금유여구야 상부자 원인불
服 而不能來也 邦分崩離析 而不能守也 而謀動干戈於邦内.
복 이불능래야 방분붕리석 이불능수야 이모동간과어방내
吾恐季孫之憂 不在顓臾 而在蕭牆之内也.
오공계손지우 부재전유 이재소장지내야

주 1 顓臾 : 노魯나라의 속국. 2 先王 : 주周 천자天子. 3 東蒙山 : 산동성山東省 몽음현蒙陰縣에 있다. 4 社稷之臣 : 공신公臣 또는 공가公家. 노魯나라의 수입을 4분해서 그 2는 계씨季氏가 차지하고 나머지는 맹손孟孫·숙손叔孫이 하나씩 차지하고 있었는데, 전유顓臾는 왕실에 직속된 가신家臣의 나라였다. 5 周任 : 고대古代의 양사관良史官. 6 相 : 재상宰相. 맹인의 시중을 드는 사람이라고 풀이하기도 한다. 주임周任의 말도 '힘을 다해서 자리에 나아가게 하고……'라 풀이한다. 7 虎兕 : 폭위暴威를 떨치고 있는 계씨季氏. 8 龜玉 : 구갑龜甲은 천자天子·제후가 점을 칠 때 쓰는 것이었으니 옥玉과 함께 귀중한 것이다. 계씨를 비유한 것이다.

2. 공자孔子께서 말씀하셨다.

"천하天下에 올바른 도道가 행해지면 예악禮樂이나 정벌征伐에 관한 명령은 천자天子에게서 나오지만, 천하에 올바른 도가 행해지지 않으면 예악과 정벌에 관한 명령은 제후에게서 나온다. 제후에게서 나오면 대체로 10대代 안에 정권을 잃지 않는 일이 드물며, 대부大夫

에게서 나오면 5대 안에 정권을 잃지 않는 일이 드물며, 가신家臣이 국권을 잡으면 3대 안에 그 권력을 잃지 않는 일이 드물다. 천하에 올바른 도道가 행해지면 정권이 대부의 손에 있지 않게 되며, 천하에 올바른 도가 행해지면 서민들이 정치를 비판하지 않는다.[1]"

孔子曰 天下有道 則禮樂征伐自天子出 天下無道 則禮樂征
공자왈 천하유도 즉예악정벌자천자출 천하무도 즉예악정
伐自諸候出. 自諸候出 蓋十世希不失矣 自大夫出 五世希不
벌자제후출 자제후출 개십세희불실의 자대부출 오세희불
失矣 陪臣執國命 三世希不失矣. 天下有道 則政不在大夫.
실의 배신집국명 삼세희불실의 천하유도 즉정부재대부
天下有道 則庶人不議.
천하유도 즉서인불의

주 1 天下有道…: 비판의 자유를 봉쇄하려는 것이 아니라, 정치가 잘되면 비판의 소리가 나지 않게 된다.

3. 공자孔子께서 말씀하셨다.

"작록爵祿을 주는 권한이 공실公室[1]에서 떨어져나간 지 5대代[2]가 되었고, 정권이 대부大夫의 손에 들어간 지 4대[3]가 되었다. 그래서 삼환三桓의 자손들도 미약微弱하게 된 것이다."

孔子曰 祿之去公室五世矣 政逮於大夫四世矣 故夫三桓之子
공자왈 녹지거공실오세의 정체어대부사세의 고부삼환지자
孫微矣.
손미의

주 1 公室 : 노魯나라 군주를 말함. 2 五世 : 노나라의 선宣·성成·양襄·소昭·정定의 공실오세公室五世를 말함. 3 四世 : 계무자季武子가 국정을 독단한 이후의 도悼·평平·환桓의 대부사세大夫四世를 말함.

4. 공자孔子께서 말씀하셨다.

"유익한 벗이 세 가지가 있고, 해로운 벗이 세 가지가 있다. 정직한 사람을 벗으로 삼고, 성실한 사람을 벗으로 삼고, 견문이 많은 사람을 벗으로 삼으면 유익하다. 아첨을 잘하고 정직하지 못한 사람을 벗으로 삼고, 겉으로만 착한 체하고 성실성이 없는 사람을 벗으로 삼고, 말을 잘 둘러대고 참됨이 없는 사람을 벗으로 삼으면 해롭다."

孔子曰 益者三友 損者三友. 友直 友諒 友多聞 益矣. 友便辟
공 자 왈 익 자 삼 우 손 자 삼 우   우 직 우 량 우 다 문 익 의   우 편 벽
友善柔 友便佞 損矣.
우 선 유 우 편 녕 손 의

5. 공자孔子께서 말씀하셨다.

"유익한 즐거움에 세 가지가 있고, 해로운 즐거움에 세 가지가 있다. 예악禮樂의 절도를 따르기를 즐거워하고, 남의 좋은 점을 말하기를 즐거워하고, 좋은 벗을 많이 가지기를 즐거워하면 유익하다. 교만하게 굴기를 즐거워하고, 편히 놀고 지내기를 즐거워하고, 향락을 즐거워하면 해롭다."

孔子曰 益者三樂 損者三樂. 樂節禮樂 樂道人之善 樂多賢友
공자왈 익자삼요 손자삼요 요절예악 요도인지선 요다현우
益矣. 樂驕樂 樂佚遊 樂宴樂 損矣.
익의 요교락 요일유 요연락 손의

6. 공자孔子께서 말씀하셨다.

"군자君子를 모시는 데 있어서 저지르기 쉬운 세 가지 허물이 있다. 자기가 말할 계제가 아닌 데도 먼저 말하는 것을 조급하다고 하고, 자기가 말해야 할 계제인 데도 말하지 않은 것을 숨긴다고 하고, 상대방의 안색도 살피지 않고 말하는 것을 눈치가 없다고 한다."

孔子曰 侍於君子有三愆. 言未及之而言 謂之躁. 言及之而
공자왈 시어군자유삼건 언미급지이언 위지조 언급지이
不言 謂之隱. 未見顔色而言 謂之瞽.
불언 위지은 미견안색이언 위지고

7. 공자孔子께서 말씀하셨다.

"군자에게는 경계해야 할 세 가지가 있다. 젊을 때에는 혈기가 안정되어 있지 않아 경계할 것은 여색女色이며, 장년이 되어서 혈기가 왕성해지면 경계할 것은 싸움이며, 노년이 되어서 혈기가 이미 쇠약해지면 경계할 것은 물욕物慾이다."

孔子曰 君子有三戒. 少之時 血氣未定 戒之在色. 其壯也 血
공자왈 군자유삼계 소지시 혈기미정 계지재색 기장야 혈

氣方剛 戒之在鬪. 及其老也 血氣旣衰 戒之在得.
기방강 계지재투 급기로야 혈기기쇠 계지재득

8. 공자孔子께서 말씀하셨다.

 "군자에게는 두려워하는 것이 세 가지가 있다. 천명天命¹을 두려워하고, 대인大人을 두려워하고, 성인聖人의 말씀을 두려워한다. 소인小人은 천명을 알지 못해서 두려워하지 않고, 대인에게 버릇없이 굴며, 성인의 말씀을 업신여긴다."

孔子曰 君子有三畏. 畏天命 畏大人 畏聖人之言. 小人 不知
공자왈 군자유삼외   외천명 외대인 외성인지언   소인 부지
天命而不畏也 狎大人 侮聖人之言.
천명이불외야 압대인 모성인지언

주 1 天命 : 위魏의 하안何晏은 '길흉화복吉凶禍福 등의 운명을 말한다'고 보았고, 송宋의 주희朱熹는 '천天이 사람에게 부여한 정리正理'라고 풀이했다. 후자의 뜻, 즉 천天이 사람에게 부여한 무상생명無上生命을 말하는 것으로 풀이하는 것이 옳다.

9. 공자孔子께서 말씀하셨다.

 "날 때부터 아는 사람은 상등上等이고, 배워서 아는 사람은 그다음이고, 곤란해진 다음에 배우는 사람은 또 그 다음이고, 곤란해진 다음에도 배우지 않는 사람은 백성 가운데서도 하등下等이다."

제16편 계씨季氏 297

孔子曰 生而知之者 上也 學而知之者 次也 困而學之 又其次
공자왈 생이지지자 상야 학이지지자 차야 곤이학지 우기차
也 困而不學 民斯爲下矣.
야 곤이불학 민사위하의

10. 공자孔子께서 말씀하셨다.
"군자에게는 생각해야 할 일이 아홉 가지가 있다. 볼 때에는 분명하게 볼 것을 생각하고, 들을 때에는 똑똑하게 들을 것을 생각하고, 표정은 부드럽게 하기를 생각하고, 태도는 공손하게 할 것을 생각하고, 말은 성실하게 할 것을 생각하고, 일을 함에는 경건하게 할 것을 생각하고, 의문 나는 것은 묻기를 생각하고, 화가 났을 때에는 곤란한 일을 당하게 될 것을 생각하고, 이득을 보게 되면 의로운가를 생각해야 한다."

孔子曰 君子有九思. 視思明 聽思聰 色思溫 貌思恭 言思忠 事
공자왈 군자유구사 시사명 청사총 색사온 모사공 언사충 사
思敬 疑思問 忿思難 見得思義.
사경 의사문 분사난 견득사의

11. 공자孔子께서 말씀하셨다.
"'선善한 일을 보면 그것에 미치지 못해 애태우듯 하고, 선하지 않은 일을 보면 끓는 물에 손을 넣었을 때처럼 빨리 피한다' 하였다. 나는 그런 사람을 보았고, 그런 말을 들었다. '숨어서 살아가며 자기의 뜻을 추구해나가고, 의義를 행하여 자기의 도道를 달성한다' 하

였다. 나는 그런 말은 들었으나 그런 사람은 보지 못했다.[17]"

孔子曰 見善如不及 見不善如探湯. 吾見其人矣 吾聞其語矣.
공자왈 견선여불급 견불선여탐탕 오견기인의 오문기어의
隱居以求其志 行義以達其道. 吾聞其語矣 未見其人也.
은거이구기지 행의이달기도 오문기어의 미견기인야

해설   전반의 일은 보통 사람도 할 수 있는 일이지만, 후반의 일은 좀처럼 행하기 어려운 것이기 때문에 이렇게 말한 것이다.

12. 제齊나라의 경공景公은 말 4천 마리를 가지고 있었으나 그가 죽은 날에는 아무도 그 덕德을 칭송하는 사람이 없었다. 백이伯夷와 숙제叔齊는 수양산首陽山 아래서 굶어 죽었으나 사람들은 지금까지도 그를 칭송하고 있다. 그것은 바로 이런 경우를 두고 말한 것이리라.

齊景公有馬千駟 死之日 民無德而稱焉. 伯夷叔齊餓於首陽
제경공유마천사 사지일 민무덕이칭언 백이숙제아어수양
之下 民到于今稱之. 其斯之謂與?
지하 민도우금칭지 기사지위여

13. 진항陳亢이 백어伯魚에게 물었다.
"당신은 (선생님한테) 또 다른 말씀을 들은 것이 있습니까?"
백어가 대답하였다.
"없었습니다. 일찍이 혼자 서 계실 적에 제가 종종걸음으로 마당을 지나가는데, '시詩를 배웠느냐?'고 하셨습니다. '못 배웠습니다'라고 대답하였더니, '시를 배우지 않으면 남과 말을 할 수가 없느니라'고 하셨습니다. 저는 물러나와 시를 배웠습니다. 또 다른 날 혼자서 계실 적에 종종걸음으로 마당을 지나가는데, '예禮를 배웠느냐?'고 하셨습니다. '못 배웠습니다'라고 대답했더니, '예를 배우지 않으면 남 앞에 설 수가 없느니라'고 말씀하셨습니다. 저는 물러나와 예를 배웠습니다. 이 두 가지 말씀을 들었습니다."

진항陳亢이 물러나와 기뻐하며 말했다.

"한 가지를 물었다가 세 가지를 들어 알게 되었다. 시에 대해서 들어 알게 되었고, 예에 대해서 들어 알게 되었고, 또 군자는 제 자식을 멀리한다는 것도 들어 알게 되었다."

陳亢問於伯魚曰 子亦有異聞乎. 對曰 未也. 嘗獨立 鯉趨而
진항문어백어왈 자역유이문호 대왈 미야 상독립 리추이
過庭 曰 學詩乎. 對曰 未也. 不學詩 無以言. 鯉退而學詩. 他
과정 왈 학시호 대왈 미야 불학시 무이언 리퇴이학시 타
日 又獨立 鯉趨而過庭 曰 學禮乎. 對曰 未也. 不學禮 無以
일 우독립 리추이과정 왈 학례호 대왈 미야 불학례 무이
立. 鯉退而學禮. 聞斯二者 陳亢退而喜曰 問一得三. 聞詩 聞
립 리퇴이학례 문사이자 진항퇴이희왈 문일득삼 문시 문
禮 又聞君子之遠其子也.
례 우문군자지원기자야

14. 나라 임금의 아내를 임금이 부를 때에는 '부인夫人'이라 하고, 부인은 자기를 '소동小童'이라고 하며, 그 나라 사람들이 그를 부를 때에는 '군부인君夫人'이라고 하며, 다른 나라 사람들 앞에서 그를 부

를 때에는 '과소군寡小君'이라고 하고, 다른 나라 사람들이 그를 부를 때에는 역시 '군부인君夫人'이라고 한다.

邦君之妻 君稱之曰夫人 夫人自稱曰小童. 邦人稱之曰君夫人
방 군 지 처 군 칭 지 왈 부 인   부 인 자 칭 왈 소 동   방 인 칭 지 왈 군 부 인
稱諸異邦曰寡小君 異邦人稱之亦曰君夫人.
칭 저 이 방 왈 과 소 군   이 방 인 칭 지 역 왈 군 부 인

해설 당시에 호칭법이 문란해져 있었으므로 이를 바로잡기 위해서 공자孔子가 일러준 것이라고 하나, 《논어論語》에 이 장章이 들어가 있는 의미를 알 수 없다고도 한다.

제17편

양陽화貨

1. 양화陽貨¹가 공자孔子를 만나 보려고 했으나 공자께서 그를 만나주지 않자, 공자께 돼지고기를 선물로 보냈다. 공자께서는 양화가 없는 틈을 타서 그의 집으로 가서 인사를 하고² 돌아오는 길에 양화를 만났다. 양화가 공자께 말했다.

"이리 오십시오. 내가 그대와 하고 싶은 이야기가 있소" 하고, 이어서 말했다.

"보배로운 재능을 지니고 있으면서도 자기의 나라를 어지럽게 버려둔다면 인仁하다고 할 수가 있겠습니까?"

공자께서 말씀하셨다. "그렇다고 할 수 없지요."

"정치하기를 좋아하면서도 자주 그 기회를 놓친다면 지혜롭다고 할 수가 있겠습니까?"

공자께서 말씀하셨다. "그렇다고 할 수 없지요."

"날과 달은 지나가고, 세월은 우리와 함께 머물러 있어주지를 않습니다."

공자께서 말씀하셨다. "그렇습니다. 나도 장차 벼슬살이를 할 겁니다.³"

陽貨欲見孔子 孔子不見 歸孔子豚. 孔子時其亡也 而往拜之
양화욕현공자 공자불현 귀공자돈 공자시기무야 이왕배지
遇諸塗. 謂孔子曰 來! 予與爾言. 曰 懷其寶而迷其邦 可謂仁
우저도 위공자왈 래 여여이언 왈 회기보이미기방 가위인
乎? 曰 不可. 好從事而亟失時 可謂知乎? 曰 不可. 日月逝矣
호 왈 불가 호종사이기실시 가위지호 왈 불가 일월서의

歲不我與. 孔子曰 諾. 吾將仕矣.
세불아여 공자왈 낙 오장사의

주 1 陽貨 : 계손씨季孫氏의 가신家臣인 양호陽虎. 계손씨를 눌러서 정권을 독단했으나 뒤에 가서 실각했다. 그러나 이 글의 문맥으로 보면 그는 대부大夫인 것 같으니,《맹자孟子》에 있는 양호陽虎와는 다른 사람이라고 생각된다. 2 時其亡也… : 대부가 선비에게 선물을 보냈을 경우에 집에서 맞이하여 인사말을 하면 그것으로 끝나지만, 집에 없을 경우에는 대부의 집으로 가서 예배하는 것이 예禮가 되어 있었다. 3 諾 吾將仕矣 : 양화陽貨를 싫어하는 공자孔子이기에 말로 실랑이를 하기가 싫어서 그의 말에 따라서 그냥 이렇게 말했을 따름이다.

2. 공자孔子께서 말씀하셨다.
"본성本性은 서로 가깝지만 습관에 의해 서로 멀어진다."

子曰 性相近也 習相遠也.
자왈 성상근야   습상원야

해설 여기서 본성本性이 서로 같다 하지 않고 가깝다 한 것은 본연성本然性을 말한 것이 아니라 기질성氣質性을 말한 것이라 할 수가 있다.

3. 공자孔子께서 말씀하셨다.
"오직 최고로 지혜로운 사람과 최하로 어리석은 사람만은 바꿔

지 않는다."

子曰 唯上知與下愚不移.
자왈 유상지여하우불이

해설 보통 사람은 바뀔 가능성이 있어서 교육에 의해서 선善하게 되어질 수가 있다. 그러나 '최고로 지혜로운 사람(上知)'과 '최하로 어리석은 사람(下愚)'만은 후천적인 요인에 의해서 바뀌어질 수가 없다. '최고로 지혜로운 사람'은 '생이지지生而知之'의 성인聖人을 말하고, '최하로 어리석은 사람'은 최하등最下等의 사람이다.

4. 공자孔子께서 무성武城[1]에 가셨을 때, 거문고에 맞추어 부르는 노랫소리를 들으셨다. 선생님께서 빙그레 웃으시면서 말씀하셨다.
　"닭을 잡는데, 어찌하여 소 잡는 칼을 쓰겠느냐?[2]"
　자유子游가 대답했다.
　"전에 저는 선생님께서 '군자가 도道를 배우면 사람을 사랑하게 되고, 소인이 도를 배우면 부리기 쉽게 된다'라고 하신 말씀을 들었습니다.[3]"
　공자께서 말씀하셨다.
　"애들아! 언偃(자유)의 말이 옳다. 내가 먼저 한 말은 농담이었다."

子之武城 聞弦歌之聲. 夫子莞爾而笑曰 割雞焉用牛刀? 子游
對曰 昔者 偃也聞諸夫子曰 君子學道則愛人 小人學道則易
使也. 子曰 二三子. 偃之言是也. 前言戲之耳.

주 1 武城 : 노魯나라에 있던 작은 읍邑. 자유子游는 그 읍재邑宰가 되어 있었다. 2 割雞焉用牛刀 : 소읍小邑을 다스리는데 예악禮樂의 대도大道가 필요 없다는 뜻. 3 君子學道… : 군자나 소인에게 한결같이 도道를 배우는 일이 중요하다.

5. 공산불요公山弗擾가 비읍費邑을 거점으로 반란을 일으키고[1] 공자孔子를 부르자 공자께서는 가려고 하시었다.[2] 자로子路가 이를 못마땅히 하며 말씀드렸다.

"그만두시지요, 하필 공산씨公山氏한테 가시렵니까?"

공자께서 말씀하셨다.

"나를 부르는 사람이 어찌 부질없이 부르겠는가? 나를 써주는 사람이 있다면 나는 그 나라를 동쪽의 주周나라로 만들 것이다.[3]"

公山弗擾以費畔 召 子欲往. 子路不說曰 未之也已! 何必公山
氏之之也? 子曰 夫召我者 而豈徒哉? 如有用我者 吾其爲東
周乎!

주 1 公山弗擾 : 공산불요는 계씨季氏의 신臣으로서 비費의 읍재邑宰였으나 양호陽虎와 통하고 계환자季桓子를 사로잡아 반기를 들었다. 공자孔子가 51, 52세쯤 되었을 때의 일이다. 2 欲往 : 공산불요公山弗擾가 반기를 든 것은 노魯나라 정공定公 9년 또는 12년의 일인데, 그 당시의 정세로 보아서나 명분상名分上으로 보아서나 공자가 그에게로 간다는 것은 생각할 수도 없는 일이다. 그렇다면 《논어論語》가 한漢의 장우張禹 손을 거치게 됨으로써 전국책사戰國策士의 작위作爲가 그 속에 혼입된 것은 아닌가 추측되기도 한다. 왜냐하면 명분을 불문하고 당대의 왕王에 영합하여 사환仕宦하려 하던 것이 전국책사全國策士였기 때문이다. 3 吾其爲東周乎 : 공자가 이상으로 삼던 주周나라를 동방의 노魯에서 재흥해보겠다는 뜻.

6. 자장子張이 인仁에 대해서 물어보자, 공자孔子께서 말씀하셨다.
"다섯 가지를 천하에서 행할 수 있다면 인仁하다고 할 것이다."
자장이 그것이 무엇인가를 묻자, 공자께서 말씀하셨다.
"공손恭遜 · 관대寬大 · 신용信用 · 민첩敏捷 · 은혜恩惠이다. 공손하면 모욕을 당하지 아니하고, 관대하면 사람들의 지지를 받고, 신용이 있으면 사람들이 신임하게 되고, 민첩하면 공적이 있게 되고, 은혜로우면 사람들을 부릴 수 있게 된다."

子張問仁於孔子 孔子曰 能行五者於天下 爲仁矣. 請問之. 曰
자장문인어공자 공자왈 능행오자어천하 위인의 청문지 왈
恭寬信敏惠. 恭則不侮 寬則得衆 信則人任焉 敏則有功 惠則
공관신민혜 공즉불모 관즉득중 신즉인임언 민즉유공 혜즉
足以使人.
족이사인

7. 필힐佛肸이 부르자, 공자孔子께서 그에게 가려고 하시었다. 이에 자로子路가 말씀드렸다.

"전에 저는 선생님께서 '직접 자기 자신이 좋지 않은 일을 한 사람의 집에 군자는 들어가지 않는다'라고 하신 말씀을 들었습니다. 필힐佛肸이 중모읍中牟邑을 거점으로 반란을 일으켰는데,[1] 선생님께서 가시려는 것은 어찌 된 일이십니까?"

공자孔子께서 말씀하셨다.

"그렇다. 이런 말이 있다. '굳다고 말하지 않겠느냐, 갈아도 엷어지지 않는다면! 희다고 말하지 않겠느냐, 물을 들여도 검어지지 않는다면!'[2] 내 어찌 조롱박이란 말이냐? 어찌 매달려 있기만 하고 먹히지 않을 수 있겠느냐?"

佛肸召 子欲往. 子路曰 昔者 由也聞諸夫子曰 親於其身爲
필힐소 자욕왕 자로왈 석자 유야문저부자왈 친어기신위
不善者 君子不入也. 佛肸以中牟畔 子之往也 如之何? 子曰
불선자 군자불입야 필힐이중모반 자지왕야 여지하 자왈
然 有是言也. 不曰堅乎 磨而不磷! 不曰白乎 涅而不緇! 吾豈
연 유시언야 불왈견호 마이불린 불왈백호 날이불치 오기
匏瓜也哉? 焉能繫而不食.
포과야재 언능계이불식

주 1 佛肸以中牟畔 : 필힐佛肸은 진晉나라의 대부大夫인 조앙趙鞅의 가신家臣으로서 중모中牟(범인范寅의 세력이 뻗어 있던 곳)를 포위하자 필힐은 반기를 들었다. 공자孔子가 63세 되는 해의 일이었다고도 하나(유보남劉寶楠) 이때에는 공자가 이미 서거하여 생존해 있지 않았다고도 한다.(최술崔述) 2 不曰堅乎… : 속담을 인용한 것. 보통 사람들과는 달라서 주위의 악惡에 영향을 받지 않는다는 뜻.

8. 공자孔子께서 말씀하셨다.

"유由(자로)야, 너는 여섯 가지 말에 대한 여섯 가지 병폐를 아느냐?"

유가 대답했다.

"모릅니다."

"앉아라.[1] 내가 너한테 말해주겠다. 인仁한 것을 좋아하되 학문을 좋아하지 않으면 그 병폐는 어리석게 되며, 지혜로움을 좋아하되 학문을 좋아하지 않으면 그 병폐는 방탕하게 되며,[2] 신의를 좋아하되 학문을 좋아하지 않으면 그 병폐는 남을 해치게 되며,[3] 곧은 것을 좋아하되 학문을 좋아하지 않으면 그 병폐는 각박하게 되며,[4] 용맹한 것을 좋아하되 학문을 좋아하지 않으면 그 병폐는 난폭하게 되며, 굳센 것을 좋아하되 학문을 좋아하지 않으면 그 병폐는 과격하게 된다."

子曰 由也, 女聞六言六蔽矣乎? 對曰 未也. 居, 吾語女. 好仁
자왈 유야 여문육언육폐의호 대왈 미야 거 오어여 호인
不好學 其蔽也愚. 好知不好學 其蔽也蕩. 好信不好學 其蔽
불호학 기폐야우 호지불호학 기폐야탕 호신불호학 기폐
也賊. 好直不好學 其蔽也絞. 好勇不好學 其蔽也亂. 好剛不
야적 호직불호학 기폐야교 호용불호학 기폐야란 호강불
好學 其蔽也狂.
호학 기폐야광

주 1 居: 군자에 대해서 질문할 때에는 일어서게 되어 있었다. 2 其蔽也蕩: 고원高遠한 데 치달아 현실과 동떨어진 공상적인 것이 되어버린다. 3 其蔽也賊: 의의義를 생각하지 않고 소신所信만을 관철하려 하기 때문에 오히려 일을 그르치게 되고, 남의 이해를 돌보지 않기 때문에 상대방에게 손해를 끼

친다. 4 其蔽也絞 : 급박하게 남을 책하게 되므로 여유와 융통성이 없어 변통이 없고 각박하다.

9. 공자孔子께서 말씀하셨다.
"너희들은 왜 시詩¹를 공부하지 않느냐? 시는 사람의 감흥感興을 일으키게 하고, 사물을 바로 살필 수 있게 하고, 사람들과 잘 어울릴 수 있게 하고, 잘못을 원망할 수 있게 하고,² 가까이는³ 아버지를 섬기게 하고, 멀리는⁴ 임금을 섬기게 하고, 새와 짐승 그리고 풀과 나무의 이름을 많이 알게 해준다."

子曰 小子何莫學夫詩? 詩可以興 可以觀 可以羣 可以怨 邇之
자 왈 소 자 하 막 학 부 시   시 가 이 흥 가 이 관 가 이 군 가 이 원 이 지
事父 遠之事君 多識魚鳥獸草木之名.
사 부 원 지 사 군 다 식 어 조 수 초 목 지 명

주 1 詩 :《시경詩經》. 2 怨 : 잘못을 풍자적으로 비판하는 것. 3 邇之 : 집안.
4 遠之 : 조정, 나라.

10. 공자孔子께서 백어伯魚¹에게 말씀하셨다.
"너는 주남周南과 소남召南²을 공부하였느냐? 사람이 주남과 소남을 공부하지 않으면 그것은 마치 담을 마주 보고 서 있는 것과 같은 것이다.³"

子謂伯魚曰 女爲周南召南矣乎. 人而不爲周南召南 其猶正牆
자 위 백 어 왈 여 위 주 남 소 남 의 호   인 이 불 위 주 남 소 남 기 유 정 장
面而立也與.
면 이 립 야 여

주 1 伯魚 : 공자孔子의 아들인 리鯉를 말함. 2 周南·召南 :《시경詩經》의 수편首篇의 이름. 주남周南은 문왕文王 후비后妃의 감화感化가 남방에 행해진 사실을 읊었고, 소남召南은 남방의 제후의 부인夫人과 대부大夫의 아내가 모두 문왕의 후비后妃의 감화感化를 입어 덕德을 이룩한 사실을 읊었다. 3 正牆面而立 : 한치도 앞으로 더 나아갈 수도 없고, 아무것도 볼 수가 없다는 뜻. 식견이 좁고 진보가 없음을 말한 것.

11. 공자孔子께서 말씀하셨다.

"예禮라, 예라 말하는 것이 옥玉이나 비단만을 말하는 것이겠느냐? 악樂이라, 악이라 말하는 것이 종이나 북만을 말하는 것이겠느냐?"

子曰 禮云禮云 玉帛云乎哉? 樂云樂云 鐘鼓云乎哉?
자 왈 예 운 예 운 옥 백 운 호 재   악 운 악 운 종 고 운 호 재

해설 예禮의 본질은 '경敬'이고, 악樂의 본질은 '화和'에 있으니, 예와 악은 그 형식보다도 내용인 정신이 중요하다.

12. 공자孔子께서 말씀하셨다.

"얼굴빛은 위엄이 있으면서 마음속이 유약한 사람은 소인小人에

비유해서 말하면 마치 벽을 뚫고 담을 넘는 도둑과 같은 것이다."

子曰 色厲而內荏 譬諸小人 其猶穿窬之盜也與.
자왈 색려이내임 비제소인 기유천유지도야여

13. 공자孔子께서 말씀하셨다.
"시골에서 겉으로만 선한 체 행세하는 자[1]는 덕德을 해치는 자이다."

子曰 鄕原 德之賊也.
자왈 향원 덕지적야

주 1 鄕原 : 시골에서만 도덕군자인 것처럼 행세하는 위선자.

14. 공자孔子께서 말씀하셨다.
"길에서 들은 말을 길에서 그대로 남에게 말하는 것은 덕德을 버리는 짓이다."

子曰 道聽而塗說 德之棄也.
자왈 도청이도설 덕지기야

해설 들은 것을 깊이 새겨서 실행해야만 자기의 것으로 체득되어 '덕德'이 되는 것이다. 그러나 귀로 들은 것을 바로 전해버리면 덕을 버리는 것이 된다.

15. 공자孔子께서 말씀하셨다.

"비루한 자와 더불어 임금을 섬길 수 있겠느냐? 그런 자는 지위를 얻지 못했을 때에는 그것을 얻으려고 걱정하고, 이미 그것을 얻고 나서는 그것을 잃을까 봐 걱정한다. 진실로 그것을 잃을까 봐 걱정한다면 못하는 짓이 없게 될 것이다."

子曰 鄙夫可與事君也與哉. 其未得之也 患得之 旣得之 患失之. 苟患失之 無所不至矣!
자왈 비부가여사군야여재 기미득지야 환득지 기득지 환실지 구환실지 무소부지의

16. 공자孔子께서 말씀하셨다.

"옛날에는 사람들에게 세 가지 병폐가 있었는데, 지금은 그것조차 없어진 것 같다. 옛날의 광자狂者[1]는 작은 일에 구애되지 않았는데, 오늘날의 광자는 제멋대로 행동한다. 옛날의 긍자矜者[2]는 행동이 매우 엄격하였는데, 오늘날의 긍자는 성내고 남과 다툰다. 옛날의 우자愚者는 정직하였는데, 오늘날의 우자는 남을 속일 따름이다."

子曰 古者民有三疾 今也或是之亡也. 古之狂也肆 今之狂也蕩. 古之矜也廉 今之矜也忿戾. 古之愚也直 今之愚也詐而已矣.
자왈 고자민유삼질 금야혹시지무야 고지광야사 금지광야탕 고지긍야렴 금지긍야분려 고지우야직 금지우야사이이의

주 1 狂者: 뜻이나 목표가 지나치게 높아 성급한 사람. 2 矜者: 자부심을

제17편 양화陽貨 315

지나치게 가진 긍지 있는 사람.

해설 옛날 사람은 성격상 결함이 있다 할지라도 그것이 도리어 장점이 되기도 했는데, 오늘날에는 장점은 모두 없어져버렸다는 뜻이다.

17. 공자孔子께서 말씀하셨다.
"교묘하게 말을 하고 보기 좋게 얼굴빛을 꾸미는 사람치고 인仁한 사람이 드물다."

子曰 巧言令色 鮮矣仁.
자 왈 교 언 영 색 선 의 인

* 학이편學而篇 제3장과 중복.

18. 공자孔子께서 말씀하셨다.
"자줏빛이 붉은빛을 압도하는 것을 미워하고,[1] 정鄭나라의 음악이 아악雅樂을 어지럽히는 것을 미워하며, 예리한 입놀림이 나라를 뒤엎는 것을 미워한다."

子曰 惡紫之奪朱也 惡鄭聲之亂雅樂也 惡利口之覆邦家者.
자 왈 오 자 지 탈 주 야 오 정 성 지 란 아 악 야 오 리 구 지 복 방 가 자

주 1 惡紫之奪朱 : 간색間色인 자줏빛이 정색正色인 붉은빛을 밀어제치고 정색正色인 것같이 나타내는 것을 싫어한다(악화惡貨가 양화良貨를 구축하는 것 같음을 미워한다).

19. 공자孔子께서 말씀하셨다.
"나는 말하고 싶지 않다."
자공子貢이 말했다.
"선생님께서 말씀하시지 않으시면 저희들은 무엇을 배워 전하겠습니까?"
공자께서 말씀하셨다.
"하늘이 무슨 말을 하더냐? 그래도 사계절이 운행되고 만물이 생장하고 있지만, 하늘이 무슨 말을 하더냐?"

子曰 予欲無言. 子貢曰 子如不言 則小子何述焉? 子曰 天下
자왈 여욕무언   자공왈 자여불언 즉소자하술언   자왈 천하
言哉? 四時行焉 百物生焉 天下言哉?
언재   사시행언 백물생언 천하언재

해설 실천궁행을 중요시하는 행동중심주의적 사상의 근거를 건건불식健健不息한 하늘의 운행과 생생불이生生不已하는 우주 만물의 생성 그 자체의 동적·변화적 현상과 사실로써 설명한 것이다.

20. 유비孺悲가 공자孔子를 뵙고자 했으나, 공자께서는 병을 핑계로

이를 거절하셨다. 말을 전해온 사람이 문을 나가자, 비파를 타시면서 노래를 부르시어 그로 하여금 듣게 하셨다.¹

孺悲欲見孔子 孔子辭以疾. 將命者出戶 取瑟而歌 使之聞之.
유비욕현공자 공자사이질 장명자출호 취슬이가 사지문지

주 1 將命者出戶… : 병이라고 핑계했으나 병이 아님을 알게 함으로써 그로 하여금 뉘우치게 한 것이다.

21. 재아宰我가 3년 상喪에 대해서 물어보았다.

"3년 상은 너무 기간이 깁니다. 군자가 3년 동안 예禮를 차리지 않으면 예는 반드시 무너져버릴 것이고, 3년 동안 악樂을 다루지 않으면 악은 반드시 혼란스러워질 것입니다. 1년이면 묵은 곡식이 다 없어지고 새 곡식이 나오며, 불씨로 쓰는 나무도 철마다 바뀌어 다시 이전의 것이 되니¹ 1년으로 끝내도 좋을 듯합니다.²"

공자孔子께서 말씀하셨다.

"(3년도 되기 전에) 쌀밥을 먹고 비단옷을 입어도 너는 마음이 편하겠느냐?"

재아가 말했다.

"편합니다."

이에 공자께서 말씀하셨다.

"네가 편하거든 그렇게 하거라. 군자는 상중喪中에는 좋은 음식을 먹어도 맛이 없고, 음악을 들어도 즐겁지 않고, 잘 지내고 있는

데도 마음이 편치가 않기 때문에 그렇게 하지 않는 것이다. 이제 네가 편하다면 그렇게 하거라."

　재아가 물러나자, 공자께서 말씀하셨다.

　"재아는 인仁하지 못하구나!³ 자식은 태어나서 3년이 된 뒤라야 부모의 품을 겨우 벗어난다. 3년 상은 천하에 통용되고 있는 상례이다. 재아도 자기 부모한테서 3년 동안 사랑을 받지 않았겠느냐?"

宰我問 三年之喪 期已久矣. 君子三年不爲禮 禮必壞 三年不
재 아 문　삼 년 지 상　기 이 구 의　군 자 삼 년 불 위 례　예 필 괴　삼 년 불
爲樂 樂必崩. 舊穀旣沒 新穀旣升 鑽燧改火 期可已矣. 子曰
위 악　악 필 붕　구 곡 기 몰　신 곡 기 승　찬 수 개 화　기 가 이 의　자 왈
食夫稻 衣夫錦 於女安乎? 曰 安. 女安則爲之! 夫君子之居喪
식 부 도　의 부 금　어 여 안 호　왈　안　여 안 즉 위 지　부 군 자 지 거 상
食旨不甘 聞樂不樂 居處不安 故不爲也. 今女安則爲之! 宰
식 지 불 감　문 악 불 락　거 처 불 안　고 불 위 야　금 여 안 즉 위 지　재
我出 子曰 予之不仁也! 子生三年 然後免於父母之懷. 夫三
아 출　자 왈　여 지 불 인 야　자 생 삼 년　연 후 면 어 부 모 지 회　부 삼
年之喪 天下之通喪也. 予也有三年之愛於其父母乎?
년 지 상　천 하 지 통 상 야　여 야 유 삼 년 지 애 어 기 부 모 호

주　1 鑽燧改火 : 옛날에는 나무에 구멍을 뚫어서 그곳을 마찰해 불을 만들어냈는데, 그것을 만드는 나무가 계절별로 달랐으니, 봄에는 유유楡柳, 여름에는 조묘棗杏, 가을에는 작행柞杏, 겨울에는 괴단槐檀을 사용하였다. 1년이 경과하면 다시 원래의 나무로 되돌아가서 순환이 되었다. 2 期可已矣 : 부모의 상복喪服을 천도天道의 상常인 1년 1주를 준칙으로 삼아서 할 것을 말한 것이다. 3 予之不仁 : 인仁은 인간의 자연적인 애정에 입각한 덕德인데, 부모를 그리워하는 정이 부족한 것은 인이 아니다.

22. 공자孔子께서 말씀하셨다.

"온종일 배불리 먹고서 마음 쓸 곳이 없다면 딱한 일이다. 장기나 바둑[1]이란 게 있지 않으냐? 그것이라도 하는 편이 나을 것이다.[2]"

子曰 飽食終日 無所用心 難矣哉. 不有博弈者乎? 爲之猶賢乎已.
자왈 포식종일 무소용심 난의재 불유박혁자호 위지유현호이

주 1 博弈 : 장기·바둑 따위. 2 爲之猶賢乎已 : 아무것도 하는 일 없이 지내는 것보다는 장기·바둑이라도 두는 게 한 가지 일에 정신 집중을 함으로써 잡념을 없애고 불선不善을 행할 기회를 없이 할 수가 있다.

23. 자로子路가 물었다.

"군자는 용기를 숭상합니까?"

공자孔子께서 말씀하셨다.

"군자는 의로움을 최고로 삼는다. 군자가 용기만 있고 의로움이 없으면 난동을 일으키게 되고, 소인이 용기만 있고 의로움이 없으면 도둑질을 하게 된다."

子路曰 君子尙勇乎. 子曰 君子義以爲上. 君子有勇而無義
자로왈 군자상용호 자왈 군자의이위상 군자유용이무의
爲亂 小人有勇而無義 爲盜.
위란 소인유용이무의 위도

24. 자공子貢이 물었다.

"군자도 미워하는 것이 있습니까?"

공자孔子께서 말씀하셨다.

"미워하는 것이 있다. 남의 나쁜 점을 말하는 사람을 미워하고, 아랫자리에 있으면서 윗자리에 있는 사람을 비방하는 것을 미워하고, 용감하되 예의가 없는 사람을 미워하고, 과감하되 막힌 사람을 미워한다."

공자께서 자공에게 물었다.

"사賜(자공)야, 너도 미워하는 것이 있느냐?"

이에 자공이 대답했다.

"저도 미워하는 것이 있습니다. 남의 생각을 알아내서 말하는 것을 지혜롭다고 여기는 것을 미워하고, 불손한 것을 용감하다고 여기는 것을 미워하고, 남의 비밀을 들추어내어 공격하면서 곧다고 여기는 것을 미워합니다."

子貢曰 君子亦有惡乎? 子曰 有惡. 惡稱人之惡者 惡居下流而
자공왈 군자역유오호   자왈 유오 오칭인지악자 오거하류이
訕上者 惡勇而無禮者 惡果敢而窒者. 曰 賜也 亦有惡乎? 惡徼
산상자 오용이무례자 오과감이질자 왈 사야 역유오호? 오요
以爲知者 惡不孫以爲勇者 惡訐以爲直者.
이위지자 오불손이위용자 오알이위직자

25. 공자孔子께서 말씀하셨다.

"여자와 소인小人은 다루기가 어렵다. 가까이하면 불손해지고, 멀

리하면 원망한다."

子曰 唯女子與小人 爲難養也. 近之則不孫 遠之則怨.
자왈 유여자여소인 위난양야 근지즉불손 원지즉원

26. 공자孔子께서 말씀하셨다.

"나이가 사십이 되어서도 남의 미움을 받는다면, 그는 끝난 것이다."

子曰 年四十而見惡焉 其終也已.
자왈 연사십이견오언 기종야이

제18편
미微자子

1. 미자微子¹는 떠나가버렸고, 기자箕子²는 종이 되었고, 비간比干³은 간諫하다가 죽었다.

　　공자孔子께서 말씀하셨다.

　　"은殷나라에는 이 세 사람의 인仁한 사람이 있었다."

微子去之 箕子爲之奴 比干諫而死. 孔子曰 殷有三仁焉.
미 자 거 지　기 자 위 지 노　비 간 간 이 사　공 자 왈　은 유 삼 인 언

주 1 微子 : 주紂의 서형庶兄. 주가 무도한 것을 보고 주周나라로 가버렸다. 나중에 주나라로부터 송宋에 봉封함을 받았다. 2 箕子 : 주紂의 숙부. 주에 간諫하다가 잡혀서 종노릇을 했다. 3 比干 : 주紂의 숙부. 주에 여러 번 간諫하다가 주에 의해서 심장이 도려내어졌다.

2. 유하혜柳下惠¹는 사사士師² 벼슬을 하다가, 세 번이나 면직을 당했다.

　　사람들이 말했다.

　　"선생께선 다른 데로 갈 수가 없었던가요?"

　　유하혜가 말했다.

　　"곧은 도리를 가지고 사람을 섬기다 보면 어디를 간들 세 번은 면직을 당하지 않겠소? 비뚤어진 도리를 가지고 사람을 섬긴다면 어찌 굳이 부모의 나라를 떠나야 할 까닭이 있소?"

柳下惠爲士師 三黜. 人曰 子未可以去乎? 曰 直道而事人 焉
유하혜위사사 삼출 인왈 자미가이거호 왈 직도이사인 언
往而不三黜? 枉道而事人 何必去父母之邦.
왕이불삼출 왕도이사인 하필거부모지방

주 1 柳下惠: 성은 전展, 이름은 확獲. 노魯나라의 대부大夫. 2 士師: 옥관獄官의 장長. 법과 형벌을 주관하는 고위 관직.

3. 제齊나라의 경공景公이 공자孔子의 대우待遇 문제에 대해서 말했다.

"나는 계씨季氏처럼 우대할 수는 없소. 계씨와 맹씨孟氏의 중간쯤으로 대우하겠소이다.¹"

다시 말했다.

"나는 늙어서 그를 쓸 수 없소이다."

이에 공자께서는 제나라를 떠나셨다.²

齊景公待孔子曰 若季氏則吾不能, 以季孟之間待之. 曰 吾老
제경공대공자왈 약계씨즉오불능 이계맹지간대지 왈 오로
矣 不能用也. 孔子行.
의 불능용야 공자행

주 1 季氏: 노魯나라에서는 계손씨季孫氏가 가장 높은 지위(상경上卿)에 있어 나라의 수입의 반을 차지했고, 나머지를 맹손씨孟孫氏가 절반씩 차지했다. 계씨季氏와 맹씨孟氏의 중간 정도는 제齊나라로 말하면 진씨陳氏의 아래이고, 다른 대부大夫의 윗자리에 해당한다. 2 孔子行: 공자孔子가 떠나간 이유는 대우상의 문제 때문이 아니라, 경공景公이 변명하는 의중을 깨달았기 때문이다. 공자가 40세쯤 되던 해의 일이었다.

4. 제齊나라 사람들이 여자 악사樂士들을 노魯나라에 보내왔다.¹ 계환자季桓子²는 이들을 받아들이고서는 사흘 동안이나 조정에 나와 정사를 돌보지 않자 공자孔子께서는 노魯나라를 떠나셨다.

齊人歸女樂. 季桓子受之 三日不朝 孔子行.
제인귀녀악   계환자수지 삼일부조 공자행

주 1 齊人歸女樂 : 공자孔子가 노魯나라의 정치에 관여한 이후 국력이 신장되자 제齊나라에서 이것을 저해하기 위해서 여악女樂을 보내준 것이다. 공자가 56세 되던 해의 일이었다. 2 季桓子 : 계강자季康子의 아버지.

5. 초楚나라의 미치광이¹ 접여接輿²가 노래를 부르면서 공자孔子 곁을 지나갔다.

"봉鳳새야, 봉새야!³
어찌 그리 덕德이 쇠衰해졌느냐?
지나간 일은 간諫해도 소용없지만,
앞으로 다가올 일은 그래도 쫓아갈 수 있겠지.
그만두소, 그만두소!
지금 정치에 종사하는 자는 위태롭다네!⁴"

공자께서 수레에서 내려⁵ 그와 얘기를 해보고자 했으나, 빨리 달아나 피해버렸기 때문에 말씀하실 수가 없었다.

楚狂接輿歌而過孔子曰 鳳兮鳳兮! 何德之衰? 往者不可諫 來
초광접여가이과공자왈 봉혜봉혜 하덕지쇠   왕자불가간 내

제18편 미자微子

者猶可追. 已而已而! 今之從政者殆而. 孔子下 欲與之言 趨
자 유 가 추　이 이 이 이　금 지 종 정 자 태 이　공 자 하　욕 여 지 언　추

而辟之 不得與之言.
이 피 지　부 득 여 지 언

주 1 狂者 : 뜻이 지나치게 커서 미치광이 흉내를 내면서 세상을 숨어서 사는 은자隱者. 2 接輿 : 성은 육陸, 이름은 통通, 자字는 접여接輿라 하기도 하고, 접接은 성, 여輿는 이름이라고도 하나 미상이다. 3 鳳 : 봉황은 태평성대에만 나타나고 난세亂世에는 숨는 서조瑞鳥이다. 이는 공자를 비유한 것이다. 4 今之從政者殆而 : 지금의 세상을 올바로 판단해서 은자가 되라는 것이 그 노래의 내용이다. 5 孔子下 : 수레가 아니고 당堂에서 내려와 문밖으로 나왔다라고 풀이하기도 한다.

6. 장저長沮와 걸익桀溺이 나란히 밭갈이를 하고 있었다. 공자孔子께서 거기를 지나가시다가 자로子路를 시켜서 그들한테 나루터 있는 곳을 물어보도록 하였다.

장저長沮가 물었다.

"저 수레의 말고삐를 잡고 있는 사람은 누구인가요?"

자로가 말했다.

"공구孔丘(공자)입니다."

이에 장저가 물었다.

"그이가 노魯나라의 공구요?"

자로가 답했다.

"그렇습니다."

장저가 말했다.

"그렇다면 저 사람은 나루터 있는 곳을 알고 있을 거요."

다시 걸익에게 묻자, 걸익이 말했다.

"그대는 누구시오?"

자로가 답했다.

"중유仲由(자로)입니다."

걸익이 물었다.

"노나라 공구의 제자란 말인가요?"

자로가 답했다.

"그렇습니다."

이에 걸익이 말했다.

"도도하게 흘러가는 큰 물결에 온 천하가 휩쓸려가는데, 누가 그 방향을 바꾸겠소? 또한 당신도 사람을 피해 다니는 사람[1]을 따라다니는 것보다 차라리 세상을 피해 사는 사람[2]을 따르는 게 어떻소?"

이렇게 말하면서 그는 씨를 뿌리고 그 위에다 흙으로 덮는 일을 멈추지 않았다. 자로가 돌아가서 이 일을 아뢰자, 공자께서 언짢아하면서 말씀하셨다.

"새와 짐승은 함께 무리 지어 살 수가 없다. 내가 이 세상 사람들과 어울려 살지 않는다면 누구와 함께 살겠는가? 천하에 올바른 도道가 행해지고 있다면 나는 개혁하려 하지 않았을 것이다.[3]"

長沮·桀溺 耦而耕. 孔子過之 使子路問津焉. 長沮曰 夫執輿
장저 걸익 우이경 공자과지 사자로문진언 장저왈 부집여
者爲誰? 子路曰 爲孔丘. 曰 是魯孔丘與? 曰 是也. 曰 是知
자위수 자로왈 위공구 왈 시노공구여 왈 시야 왈 시지

津矣. 問於桀溺 桀溺曰 子爲誰? 曰 爲仲由. 曰 是魯孔丘之
진의 문어걸익 걸익왈 자위수 왈 위중유 왈 시노공구지
徒與? 對曰 然. 曰 滔滔者天下皆是也 而誰以易之? 且而與
도여   대왈 연   왈 도도자천하개시야   이수이역지   차이여
其從辟人之士也 豈若從辟世之士哉? 耰而不輟. 子路行以告
기종피인지사야 기약종피세지사재   우이불철 자로행이고
夫子憮然曰 鳥獸不可與同羣. 吾非斯人之徒與而誰與? 天下
부자무연왈 조수불가여동군   오비사인지도여이수여   천하
有道 丘不與易也.
유도 구불여역야

주 1 辟人之士 : 공자孔子를 가리킴. 2 辟世之士 : 은자隱者를 가리킴. 3 天下
有道… : 은자隱者의 조소와 유혹에도 불구하고 공자孔子는 끝내 사회참여와
사회개조에의 의지를 저버리지 않았다.

7. 자로子路가 공자孔子를 따라다니다가 뒤처지게 되었을 때, 지팡이에다 대바구니를 꿰어 둘러메고 가는 한 노인을 만났다.

자로子路가 물었다.

"영감님! 우리 선생님을 보셨습니까?"

그 노인이 말했다.

"사지를 부지런히 쓰지도 않고, 오곡五穀도 제대로 분간하지 못하는데, 누가 선생님이란 말이오?"

이렇게 말하고 노인은 지팡이를 세워놓고 김을 매었다. 자로子路가 두 손을 맞잡고 서 있자, 노인은 자로를 집에 묵어가게 하고, 닭을 잡고 기장밥을 지어 대접하고는, 자기의 두 아들을 만나게 해주었다.[1]

그 이튿날 자로가 공자에게 가서 이 사실을 말씀드렸더니, 공자께서 "은자隱者로구나" 하고 말씀하셨다.

자로로 하여금 되돌아가서 그를 만나보도록 했으나, 그곳에 가 보니 그 노인은 떠나고 없었다.

자로가 말을 전했다.

"벼슬길에 나가지 않는 것은 의롭지 않은 일입니다. 어른과 아이 사이의 예절禮節도 없앨 수 없는데, 임금과 신하 사이의 의리를 어떻게 없앨 수 있겠습니까?² 자기의 몸만 깨끗하게 하려고 하는 것은 큰 인륜을 어지럽히는 일입니다. 군자가 벼슬길에 나가는 것은 의리를 행할 수 있는 길입니다. 올바른 도道가 행해지지 않고 있는 것은 이미 알고 있는 일입니다."

子路從而後 遇丈人以杖荷蓧. 子路問曰 子見夫子乎? 丈人曰
자 로 종 이 후 우 장 인 이 장 하 조 자 로 문 왈 자 견 부 자 호 장 인 왈
四體不勤 五穀不分 孰爲夫子? 植其杖而芸. 子路拱而立 止
사 체 불 근 오 곡 불 분 숙 위 부 자 식 기 장 이 운 자 로 공 이 립 지
子路宿 殺雞爲黍而食之 見其二子焉. 明日子路行以告. 子曰
자 로 숙 살 계 위 서 이 식 지 견 기 이 자 언 명 일 자 로 행 이 고 자 왈
隱者也. 使子路反見之 至則行矣. 子路曰 不仕無義. 長幼之
은 자 야 사 자 로 반 견 지 지 즉 행 의 자 로 왈 불 사 무 의 장 유 지
節 不可廢也, 君臣之義 如之何其廢之? 欲潔其身 而亂大倫.
절 불 가 폐 야 군 신 지 의 여 지 하 기 폐 지 욕 결 기 신 이 란 대 륜
君子之仕也 行其義也. 道之不行 已知之矣.
군 자 지 사 야 행 기 의 야 도 지 불 행 이 지 지 의

주 1 見其二子 : '장유유서長幼有序'의 예禮를 행한 것이 된다. 2 君臣之義如之何其廢之 : '장유長有'의 인륜人倫만을 버릴 수 없는 것이 아니라, '군신君臣의 도道'까지도 대륜大倫으로서 중요한 것이므로 버려서는 안 된다는 뜻이다.

8. 숨어 사는 현자賢者[1]로는 백이伯夷·숙제叔齊·우중虞仲[2]·이일夷逸[3]·주장朱張·유하혜柳下惠 및 소련少連이 있다. 공자孔子께서 말씀하셨다.

"자기의 뜻을 굽히지 않고, 자기의 몸을 욕되게 하지 않은 사람은 백이伯夷와 숙제叔齊일 것이다. 유하혜와 소련은 뜻을 굽히고 몸을 욕되게 했으나, 말이 도리에 맞고 행동은 생각과 합치되었으니 그들은 그렇게 살았을 따름이다. 우중虞仲과 이일夷逸은 숨어 살면서 하고 싶은 말은 하고 살았으나, 몸을 깨끗이 유지했고 벼슬에서 물러나 사는 것이 권도權道에 맞았다.[4] 나는 그들과 달라서 그래야 한다는 것도 없고, 그래서는 안 된다는 것도 없다.[5]"

逸民 伯夷·叔齊·虞仲·夷逸·朱張·柳下惠·少連. 子曰 不降其志 不辱其身 伯夷·叔齊與 謂柳下惠·少連 降志辱身矣 言中倫 行中慮 其斯而已矣. 謂虞仲·夷逸 隱居放言 身中清 廢中權. 我則異於是 無可無不可.

주 1 逸民 : 뜻이 높되 지위가 없고 세상을 숨어서 사는 현자賢者. 2 虞仲 : 오吳나라의 태백泰伯의 아우인 중옹仲雍의 증손曾孫. 주周 무武왕 때 발탁되어 제후가 되었다. 3 夷逸 : 이일夷逸·주장朱張·소련少連은 미상. 4 廢中權 : 벼슬에서 물러나 사는 것이 권도權道에 맞다. 5 無可無不可 : 하나의 입장立場을 고집하지 않고 '중용中庸'의 도道를 지키는 태도를 표명한 것이다.

9. 태사大師[1]인 지摯는 제齊나라로 갔고, 아반亞飯[2]의 음악을 맡은 간

干은 초楚나라로 갔으며, 삼반三飯의 음악을 맡은 요燎는 채蔡나라로 갔고, 사반四飯의 음악을 맡은 결缺은 진秦나라로 갔으며, 북 치는 고수鼓手3인 방숙方叔은 하내河內로 들어갔고, 작은 북을 흔드는 파도播鼗4인 무武는 한漢나라로 들어갔으며, 소사少師5인 양陽과 경을 치는 격경擊磬6인 양襄은 바다에 있는 섬으로 들어갔다.

大師摯適齊 亞飯干適楚 三飯繚適蔡 四飯缺適秦 鼓方叔入
태 사 지 적 제   아 반 간 적 초   삼 반 료 적 채   사 반 결 적 진   고 방 숙 입
於河 播鼗武入於漢 少師陽·擊磬襄 入於海.
어 하   파 도 무 입 어 한   소 사 양   격 경 양   입 어 해

주 1 大師 : 악관장樂長官. 2 亞飯 : 아반亞飯·삼반三飯·사반四飯은 모두가 악관樂官의 호칭으로서 식사할 때 흥을 돋우기 위해서 음악을 연주하는 일을 맡고 있다. 초반初飯에는 음악 연주가 없으며, 두 번째 식사를 들게 할 때 연주하는 악관이 아반亞飯, 세 번째의 그것은 삼반三飯, 그다음은 사반四飯이다. 3 鼓 : 북을 치는 악관樂官. 4 播鼗 : 작은 북을 흔들어 소리 나게 하는 악관. 5 少師 : 태사大師의 보좌 역. 6 擊磬 : 옥玉, 또는 돌로 만든 타악기인 경磬을 치는 악관樂官. 악관 이름 밑에 있는 지摯·간干·요燎·결缺·방숙方叔·무武·양陽·양襄 등은 각각 그 직職을 맡은 사람의 이름이다.

해설 노魯나라가 쇠란衰亂하게 되어 악樂을 숭상하지 않게 되자, 많은 악사들이 노나라를 떠나게 되었다는 사실을 적은 것이다.

10. 주공周公이 노공魯公1에게 말했다.
"군자는 그의 친척을 버리지 않으며, 대신大臣들로 하여금 써주지

않는다고 원망하지 않게 하며, 오랫동안 일해온 사람은 큰 사고가
없으면 버리지 않으며, 한 사람이 모든 재주를 다 갖추어 있기를
바라지 않는다."

周公謂魯公曰 君子不施其親 不使大臣怨乎不以 故舊無大
주공위노공왈 군자불시기친   불사대신원호불이 고구무대
故則不棄也 無求備於一人.
고즉불기야 무구비어일인

주 1 魯公 : 주공周公 단旦의 아들인 백금伯禽. 노魯나라의 임금.

11. 주周나라에 여덟 사람의 선비¹가 있었으니, 그들은 곧 백달伯
達 · 백괄伯适 · 중돌仲突 · 중홀仲忽 · 숙야叔夜 · 숙하叔夏 · 계수季隨 · 계와季
騧였다.

周有八士 伯達·伯适·仲突·仲忽·叔夜·叔夏·季隨·季騧.
주유팔사 백달 백괄 중돌 중홀 숙야 숙하 계수 계와

주 1 八士 : 주周 문文왕 때의 윤씨팔사尹氏八士로서 모두가 네 쌍의 쌍둥이들
이었다고 하나 연대年代 · 사적事蹟 모두가 확실하지 않다.

제19편
자子장張

1. 자장子張이 말했다.

"선비가 위태로운 처지를 보면 목숨을 걸고, 이득이 되는 것을 보면 의義로운 것인가를 생각하며, 제사를 지낼 때는 경건하게 하기를 생각하고, 상사喪事를 당하여 슬픔을 다하는가 생각한다면, 그만하면 되는 것이다."

子張曰 士見危致命 見得思義 祭思敬 喪思哀 其可已矣.
자 장 왈 사 견 위 치 명 견 득 사 의 제 사 경 상 사 애 기 가 이 의

2. 자장子張이 말했다.

"덕德을 지키되 넓히지 못하고, 도道를 믿되 독실하지 못하다면, 그런 사람은 있어도 그만이고 없어도 그만이잖는가?'"

子張曰 執德不弘 信道不篤 焉能爲有 焉能爲亡?
자 장 왈 집 덕 불 홍 신 도 부 독 언 능 위 유 언 능 위 무

주 1 焉能爲有… : 있으나 마나 한 것이다. 존재 이유가 없는 자者이다.

3. 자하子夏의 한 제자가 자장子張에게 사람 사귀는 법을 물어보자, 자장이 말했다.

"자하께서는 어떻게 말씀하셨는가?"

그 제자가 답했다.

"자하께서 말씀하시기를 '좋은 사람과는 사귀고, 좋지 못한 사람과는 사귀지 마라'라고 하셨습니다."

자장이 말했다.

"내가 들은 것과는 다르다. 군자는 현명한 사람을 존경하되 뭇 사람을 포용하고, 선善한 사람을 칭송하되 그렇지 못한 사람을 불쌍하게 여긴다. 내가 크게 현명하다면 사람들에게 용납되지 못할 바 무엇이겠는가? 내가 현명하지 못하다면 남들이 나를 거절할 터인데, 어찌 내가 남들을 거절할 수 있겠느냐?"

子夏之門人 問交於子張. 子張曰 子夏云何? 對曰 子夏曰 可
자 하 지 문 인 문 교 어 자 장 자 장 왈 자 하 운 하 대 왈 자 하 왈 가
者與之. 其不可者拒之. 子張曰 異乎吾所聞. 君子 尊賢而
자 여 지 기 불 가 자 거 지 자 장 왈 이 호 오 소 문 군 자 존 현 이
容衆 嘉善而矜不能. 我之大賢與 於人何所不容? 我之不賢
용 중 가 선 이 긍 불 능 아 지 대 현 여 어 인 하 소 불 용 아 지 불 현
與人將拒我 如之何其拒人也?
여 인 장 거 아 여 지 하 기 거 인 야

4. 자하子夏가 말했다.

"비록 작은 재주¹라 할지라도 거기엔 반드시 볼 만한 것이 있을 것이나, 멀리 나아가면 거기서 헤어나지 못하게 될까 두려워서 군자는 그런 것을 하지 않는 것이다."

子夏曰 雖小道 必有可觀者焉 致遠恐泥 是以君子不爲也.
자 하 왈 수 소 도 필 유 가 관 자 언 치 원 공 니 시 이 군 자 불 위 야

주 1 小道 : 농예·의술·점술 등 여러 가지 기예의 도道. 작은 재주.

5. 자하子夏가 말했다.
"날마다 모르던 것을 알게 되고, 달마다 할 수 있는 것을 잊지 않는다면, 배우기를 좋아한다고 말할 수 있을 것이다."

子夏曰 日知其所亡 月無忘其所能 可謂好學也已矣.
자 하 왈 일 지 기 소 무 월 무 망 기 소 능 가 위 호 학 야 이 의

6. 자하子夏가 말했다.
"널리 배우고 뜻을 돈독히 하며, 절실한 것부터 묻고 가까운 것부터 생각해 나아가면, 인仁은 그 가운데 있는 것이다."

子夏曰 博學而篤志 切問而近思 仁在其中矣.
자 하 왈 박 학 이 독 지 절 문 이 근 사 인 재 기 중 의

해설 '박학博學·독지篤志·절문切問·근사近思'를 말한 것인데, 이것은 《중용中庸》의 '박학博學·심문審問·신사愼思·명변明辨·독행篤行'과 통한다. 박학·독지·절문·근사 등의 지적 활동은 결국 인仁(행行)을 위한 한갓 방법에 지나지 않는다.

제19편 자장子張 339

7. 자하子夏가 말했다.

"모든 공인工人들은 일터에서 그 일을 이루어내고, 군자는 배움으로써 그의 도道에 이르게 된다."

子夏曰 百工居肆 以成其事 君子學以致其道.
자 하 왈 백 공 거 사 이 성 기 사 군 자 학 이 치 기 도

8. 자하子夏가 말했다.

"소인小人은 잘못을 저지르면 반드시 꾸며댄다."

子夏曰 小人之過也 必文.
자 하 왈 소 인 지 과 야 필 문

9. 자하子夏가 말했다.

"군자에게는 세 가지의 변화가 있다. 멀리서 바라보면 의연하고, 가까이 보면 온화하고, 그의 말을 들어보면 엄정嚴正하다."

子夏曰 君子有三變. 望之儼然 卽之也溫 聽其言也厲.
자 하 왈 군 자 유 삼 변   망 지 엄 연   즉 지 야 온   청 기 언 야 려

10. 자하子夏가 말했다.

"군자는 자기가 신뢰를 얻은 뒤에 그의 백성들에게 노역을 시킨

다. 신뢰를 얻지 못하였을 적에는 그들은 자기들을 괴롭힌다고 생각한다. 또한 군자는 윗사람의 신임을 얻은 뒤에 간諫한다. 신임을 얻지 못하였을 적에는 윗사람이 자기를 비방한다고 생각한다."

子夏曰 君子信而後勞其民 未信則以爲厲己也. 信而後諫 未
자 하 왈 군 자 신 이 후 로 기 민 미 신 즉 이 위 려 기 야   신 이 후 간 미
信則以爲謗己也.
신 즉 이 위 방 기 야

11. 자하子夏가 말했다.
 "큰 덕德¹은 그 한계를 넘어서는 안되지만, 작은 덕德²은 다소 더하고 덜한 것이 있어도 괜찮다."

子夏曰 大德不踰閑 小德出入可也.
자 하 왈 대 덕 불 유 한   소 덕 출 입 가 야

주 1 大德 : 인仁 · 의義 · 충忠 · 효孝 같은 중요한 덕행. 2 小德 : 사소한 예절 같은 것.

12. 자유子游가 말했다.
 "자하子夏의 제자 아이들은 물 뿌리고 쓸고, 부름에 응하고, 질문에 대답하고, 나오고 물러나는 몸가짐은 좋지만, 그런 것은 말단적末端的인 일들이다. 근본적인 것은 배운 것이 없으니 어찌하겠는가?"
 자하가 이 말을 듣고 말했다.

"아아! 자유子游가 잘못이다. 군자의 도道에 있어서 어느 것을 먼저 가르치고, 어느 것을 뒤로 미루어 게을리하겠는가? 풀과 나무에 비유한다면 그 종류에 따라서 구별해서 가꾸는 방법이 다른 것과 같다. 군자의 도에 있어서 어떤 것인들 함부로 할 수 있겠는가? 처음도 잘하고 끝도 잘할 수 있는 그런 사람은 오직 성인聖人뿐일 것이다."

子游曰 子夏之門人小子 當洒掃應對進退則可矣 抑末也. 本之則無 如之何? 子夏聞之曰 噫! 言遊過矣! 君子之道 孰先傳焉 孰後倦焉? 譬諸草木 區以別矣. 君子之道 焉可誣也? 有始有卒者 其惟聖人乎!

13. 자하子夏가 말했다.

"벼슬살이를 하고도 여력餘力이 있으면 배우고, 배우면서도 여력이 있으면 벼슬살이를 할 것이다."

子夏曰 仕而優則學 學而優則仕.

해설 '수기修己'와 '치인治人'은 서로 병행할 것임을 말한 것이다.

14. 자유子游가 말했다.
"상사喪事에 있어서는 슬픔을 다하는 데서 그쳐야 한다."

子游曰 喪致乎哀而止.
자유왈 상치호애이지

15. 자유子游가 말했다.
"내 벗인 자장子張은 어려운 일을 잘 해내지만, 인仁하지는 않다."

子游曰 吾友張也 爲難能也 然而未仁.
자유왈 오우장야 위난능야 연이미인

해설 인仁은 인간의 전인적全人的인 덕德이므로 한두 가지 덕을 갖추었다 해서 '인'을 구현한 것이 아니다.

16. 증자曾子가 말했다.
"당당堂堂하구나, 자장子張은! 그러나 함께 인仁을 행하기는 어렵다."

曾子曰 堂堂乎張也 難與並爲仁矣.
증자왈 당당호장야 난여병위인의

17. 증자曾子가 말했다.

"내가 선생님[1]한테 들었는데, '사람은 평소에 자기의 정성을 다한 적이 없어도 어버이의 상喪을 당하면 반드시 정성을 다해야 한다'고 하셨다."

曾子曰 吾聞諸夫子 人未有自致者也 必也親喪乎!
증 자 왈 오 문 저 부 자 인 미 유 자 치 자 야 필 야 친 상 호

주 1夫子 : 공자孔子.

18. 증자曾子가 말했다.

"내가 선생님한테 들었는데, '맹장자孟莊子[1]가 행한 효孝는 다른 것은 남들도 그렇게 할 수 있지만, 그가 아버지의 가신家臣과 아버지의 정책을 바꾸지 않은 것만은 그렇게 하기가 어려운 일이다'고 하셨다."

曾子曰 吾聞諸夫子 孟莊子之孝也 其他可能也 其不改父之
증 자 왈 오 문 저 부 자 맹 장 자 지 효 야 기 타 가 능 야 기 불 개 부 지
臣與父之政 是難能也.
신 여 부 지 정 시 난 능 야

주 1孟莊子 : 노魯나라의 대부大夫인 중손씨仲孫氏. 이름은 속速, 장莊은 시호.

19. 맹씨孟氏가 양부陽膚[1]를 사사士師[2]로 삼자, (양부가) 증자曾子에게 그 일에 대해서 물었다.

증자가 말했다.

"윗사람이 올바른 도道를 잃어 백성들의 마음이 흩어진 지가 오래되었다. 만약 범죄의 실정實情을 알게 되더라도 그들을 가엾게 여겨야지 기뻐해서는 안 된다.[3]"

孟氏使陽膚 爲士師 問於曾子. 曾子曰 上失其道 民散久矣.
맹씨사양부 위사사 문어증자 증자왈 상실기도 민산구의
如得其情 則哀矜而勿喜.
여득기정 즉애긍이물희

주 1 陽膚 : 증자曾子의 문인門人. 2 士師 : 죄인을 다스리는 직책을 맡은 옥관獄官. 3 如得其情… : 죄상罪狀을 적발해냈을 때 공명심 때문에 기뻐하는 일이 있어서는 아니 되고 가엾게 여기는 마음이 필요하다.

20. 자공子貢이 말했다.

"주왕紂王이 포악함은 그처럼 혹심하지는 않았을 것이다. 그래서 군자는 하류下流[1]에 처해 있기를 싫어하는 것이니, 그것은 천하의 악惡이 모두 그곳으로 돌아가기 때문이다."

子貢曰 紂之不善 不如是之甚也. 是以君子惡居下流 天下之
자공왈 주지불선 불여시지심야   시이군자오거하류 천하지
惡皆歸焉.
악개귀언

주 1 下流 : 중류衆流가 모여드는 곳. 사람에게 간천奸賤의 실추가 있을 때는 모든 악명이 모이는 것에 비유한 것이다.

제19편 자장子張 345

21. 자공子貢이 말했다.

"군자의 잘못은 일식이나 월식과 같아서, 잘못을 저지르면 사람들이 모두 보게 되고, 잘못을 고치면 사람들이 모두 우러러본다."

子貢曰 君子之過也 如日月之食焉 過也 人皆見之 更也 人皆
자 공 왈 군 자 지 과 야 여 일 월 지 식 언 과 야 인 개 견 지 경 야 인 개
仰之.
앙 지

해설 군자는 과오를 범해도 이를 숨기지 않기 때문에 일식이나 월식과 같이 누구나 그 과오를 보게 되며, 과오를 고치면 만월이 되어 빛을 발산함으로써 사람들이 밝은 달빛을 쳐다보게 되는 것과 같다.

22. 위衛나라의 공손조公孫朝가 자공子貢에게 물었다.

"공자[1]는 어디에서 배웠나요?"

자공이 말했다.

"문왕文王과 무왕武王의 도道[2]는 아직 땅에 떨어지지 않고 사람에게 남아 있으므로 현명한 사람은 그 큰 것을 기억하고 있고, 현명하지 못한 사람은 그 작은 것을 기억하고 있으니, 문왕과 무왕의 도를 지니고 있지 않은 자가 없습니다. 우리 선생님께서는 어디에서나 배우지 않으신 데가 있겠습니까? 그러니 또 어찌 일정한 스승이 있었겠습니까?"

衛公孫朝問於子貢曰 仲尼焉學? 子貢曰 文武之道 未墜於地
위 공 손 조 문 어 자 공 왈 중 니 언 학   자 공 왈 문 무 지 도 미 추 어 지
在人. 賢者識其大者 不賢者識其小者 莫不有文武之道焉. 夫
재 인 현 자 식 기 대 자 불 현 자 식 기 소 자 막 불 유 문 무 지 도 언 부
子焉不學? 而亦何常師之有?
자 언 불 학   이 역 하 상 사 지 유

주 1 仲尼 : 공자孔子의 자字. 2 文武之道 : 공자孔子가 이상으로 삼은 주초周初의 문물제도. 문文왕과 무武왕은 요堯·순舜·우禹·탕湯의 도道를 계승한 자者이고, 주초周初의 왕이었기 때문에 문무文武의 도라고 한 것이다.

23. 숙손무숙叔孫武叔[1]이 조정에서 대부大夫에게 말하기를 "자공子貢은 공자보다 현명하다"고 하였다.

　자복경백子服景伯이 이 말을 자공에게 일러주자, 자공이 말했다.

　"궁궐 담장에 비유한다면 저와 같은 사람의 담장은 어깨에 닿는 정도여서 집 안의 좋은 것들을 다 들여다볼 수가 있습니다만, 우리 선생님의 담장은 몇 길이나 되어서 그 문을 찾아서 안에 들어가보지 않고서는 종묘宗廟의 아름다움이나 여러 관원들의 풍부함을 볼 수 없습니다. 그 문을 찾아 들어가본 사람은 아마도 적을 것입니다. 그러니 대부大夫가 그렇게 말하는 것도 당연하지 않습니까?"

叔孫武叔語大夫於朝曰 子貢賢於仲尼. 子服景伯以告子貢.
숙 손 무 숙 어 대 부 어 조 왈 자 공 현 어 중 니   자 복 경 백 이 고 자 공
子貢曰 譬之宮牆 賜之牆也及肩 窺見室家之好 夫子之牆數
자 공 왈 비 지 궁 장 사 지 장 야 급 견 규 견 실 가 지 호 부 자 지 장 수
仞 不得其門而入 不見宗廟之美 百官之富. 得其門者或寡矣.
인 부 득 기 문 이 입 불 견 종 묘 지 미 백 관 지 부   득 기 문 자 혹 과 의

夫子之云 不亦宜乎?
부 자 지 운 불 역 의 호

주 1 叔孫武叔 : 노魯나라의 대부大夫. 이름은 주구州仇, 무武는 시호.

24. 숙손무숙叔孫武叔이 공자孔子를 비방하자, 자공子貢이 말했다.
"쓸데없는 짓입니다. 선생님은 비방할 수가 없는 분입니다. 다른 사람이 현명하다는 것은 언덕과 같은 것이어서 그래도 넘어갈 수 있지만, 선생님은 해와 달과 같으셔서 넘어갈 수가 없습니다. 사람들이 비록 스스로 인연을 끊으려고 하더라도, 그런다고 해와 달에 무슨 손상이 있겠습니까? 다만 자기 스스로 분수를 모르고 있음을 드러낼 뿐입니다."

叔孫武叔毀仲尼 子貢曰 無以爲也! 仲尼不可毀也. 他人之賢
숙 손 무 숙 훼 중 니   자 공 왈 무 이 위 야   중 니 불 가 훼 야   타 인 지 현
者 丘陵也 猶可踰也. 仲尼 日月也 無得而踰焉. 人雖欲自絶
자   구 릉 야   유 가 유 야   중 니   일 월 야   무 득 이 유 언   인 수 욕 자 절
其何傷於日月乎? 多見其不知量也.
기 하 상 어 일 월 호   다 현 기 부 지 량 야

25. 진자금陳子禽¹이 자공子貢에게 말했다.
"당신이 겸손한 것이지, 공자가 어찌 당신보다 현명하겠습니까?"
자공子貢이 말했다.
"군자는 한마디 말 때문에 지혜로워지기도 하고, 한마디 말 때문

에 지혜롭지 않게도 되므로, 말은 신중히 하지 않으면 안 됩니다. 우리 선생님께 미칠 수 없는 것은 마치 계단을 밟고 하늘에 올라갈 수 없는 것과 같습니다. 우리 선생님께서 만약 제후가 되고 대부大夫가 되어서 나라를 맡아 다스린다면 백성들을 세워주면 곧 자립하게 되고, 인도해주면 그대로 행하게 되고, 안정되게 해주면 곧 따르게 되고, 마음을 움직여주면 곧 평화롭게 될 것입니다. 그분은 살아 계실 때는 영광을 누리시고, 돌아가시면 모든 사람들이 애통해할 터인데, 어떻게 그분에게 미칠 수 있겠습니까?"

陳子禽謂子貢曰 子爲恭也 仲尼豈賢於子乎? 子貢曰 君子一言以爲知 一言以爲不知 言不可不愼也. 夫子之不可及也 猶天之不可階而升也. 夫子之得邦家者 所謂立之斯立 道之斯行 綏之斯來 動之斯和. 其生也榮 其死也哀 如之何其可及也?

주 1 陳子禽 : 이름은 항亢. 공자孔子의 문인門人 또는 자공子貢의 문인이라고도 한다.

제20편
요堯왈曰

1. 요堯임금이 말했다.

"아아, 그대 순舜이여! '하늘의 운수가 그대 몸에 와 있으니, 진실로 그 중용中庸을 지킬 것이니라. 온 세상이 곤궁해지면 하늘이 내려준 복록福祿도 영원히 끊어지리라.[1]'"

순임금도 우禹임금에게 자리를 물려주며 이 말을 일러주었다.

탕湯왕이 말했다.

"나, 불초不肖 이履는 감히 검은 황소를 제물로 바치고, 위대하신 천제天帝에게 밝혀 아뢰옵나이다. 죄 있는 자는 감히 용서하지 않겠사오며, 천제의 신하를 은폐하지는 않사오니 그것을 가려내는 일은 천제의 마음에 달려 있습니다. 제 몸에 죄가 있다면 천하를 맡아 다스리는 일을 맡기지 마시옵고, 천하의 백성들에게 죄가 있다면 그 죄는 모두 제 자신에게 책임이 있사옵니다.[2]"

무武왕이 말했다.

"주周나라에는 하늘이 내려주신 큰 혜택이 있어 선善한 사람이 많다. 비록 지극히 가까운 친척이 있다 해도 인仁한 사람만은 못하다. 백성들에게 허물이 있으면 그 죄는 나 한 사람에게 있다.[3]"

무왕武王은 도량형을 중하게 다루고, 법도를 자세하게 살피고, 폐지한 관서官署를 다시 세워서 천하의 정치가 잘 행해지게 되었다. 멸망한 나라를 일으켜 세우고, 끊어진 가계家系를 이어주고, 묻혀 있는 인재를 등용해서 천하 백성들의 마음은 그에게로 돌아가게 되었다. 그가 소중하게 여긴 것은 백성과 식량과 상사喪事와 제사였다.

관대하면 많은 사람들이 따르게 되고, 신의가 있으면 백성들이 신임하게 되고, 민첩하면 공적을 이루게 되고, 공평하면 백성들은 기뻐하게 된다.

堯曰 咨爾舜! 天之曆數在爾躬 允執其中. 四海困窮 天祿永終.
요왈 자이순 천지력수재이궁 윤집기중 사해곤궁 천록영종
舜亦以命禹. 曰 予小子履 敢用玄牡 敢昭告于皇皇后帝. 有
순역이명우 왈 여소자리 감용현모 감소고우황황후제   유
罪不敢赦 帝臣不蔽 簡在帝心. 朕躬有罪 無以萬方 萬方有
죄불감사 제신불폐 간재제심 짐궁유죄 무이만방 만방유
罪 罪在朕躬. 周有大賚 善人是富. 雖有周親 不如仁人 百姓
죄 죄재짐궁 주유대뢰 선인시부 수유주친 불여인인 백성
有過 在予一人. 謹權量 審法度 脩廢官 四方之政行焉. 興滅
유과 재여일인 근권양 심법도 수폐관 사방지정행언 흥멸
國 繼絶世 擧逸民 天下之民歸心焉. 所重民食喪祭. 寬則得
국 계절세 거일민 천하지민귀심언 소중민식상제 관즉득
衆 信則民任焉. 敏則有功 公則說.
중 신즉민임언 민즉유공 공즉열

주 1 天之曆數… : 요堯임금이 순舜임금에게 선양禪讓할 때의 말이다. 2 萬方有罪… :《서경書經》의 상서탕고편商書湯誥篇에 있다. 3 百姓有過… :《서경書經》의 주서周書, 태서泰誓에 있는 것으로서 무왕武王이 제후에게 선서한 말이다.

2. 자장子張이 공자孔子께 물었다.
"어떻게 하면 정치에 종사할 수가 있습니까?"
공자께서 말씀하셨다.
"다섯 가지 미덕을 존중하고, 네 가지 악덕을 물리친다면 정치에

종사할 수 있을 것이다."

자장이 말했다.

"무엇이 다섯 가지 덕德입니까."

공자께서 말씀하셨다.

"군자는 은혜를 베풀되 낭비하지 않고, 수고를 시키되 원망을 사지 않게 하며, 바라기는 하되 탐욕을 내지 않고, 태연하되 교만하지 않고, 위엄이 있으되 사납지 않은 것이다."

자장이 말했다.

"무엇이 은혜를 베풀되 낭비하지 않는 것입니까?"

공자께서 말씀하셨다.

"백성들에게 이익이 되는 것에 따라서 그들을 이롭게 해주면 이것이 은혜를 베풀되 낭비하지 않는 것이 아니겠는가? 수고를 시킬 만한 일을 가려서 그들을 수고하게 한다면 또 누가 원망하겠는가? 인仁하기를 바라서 인을 얻는다면 또 무엇을 탐내겠는가? 군자는 사람이 많든 적든, 큰일이든 작은 일이든 감히 소홀히 하지 아니하니, 이것이 태연하되 교만하지 않은 것이 아니겠느냐? 군자는 그의 의관을 바르게 하고 그의 표정을 위엄이 있도록 해서 의연하게 하고 있으면 사람들이 두려워하게 되는 것이니, 이것이 위엄이 있으되 사납지 않은 것이 아니겠느냐?"

자장이 말했다.

"무엇이 네 가지 악덕입니까?"

공자께서 말씀하셨다.

"가르쳐주지도 않고 죄를 지으면 죽이는 것을 잔학殘虐하다 하고, 미리 계고戒告해놓지도 않고 일한 성과만 따지는 것을 난폭하다고 하며, 명령을 소홀하게 해놓고 시기를 꼭 대도록 강요하는 것을 괴롭히는 짓이라 하며, 사람들에게 고루 나누어 주어야 할 것을 내주는 데 인색하게 구는 것을 유사有司[1] 같다고 한다."

子張問於孔子曰 何如斯可以從政矣? 子曰 尊五美 屛四惡 斯
자장문어공자왈 하여사가이종정의 자왈 존오미 병사악 사
可以從政矣. 子張曰 何謂五美? 子曰 君子惠而不費 勞而不
가이종정의 자장왈 하위오미 자왈 군자혜이불비 노이불
怨 欲而不貪 泰而不驕 威而不猛. 子張曰 何謂惠而不費? 子
원 욕이불탐 태이불교 위이불맹 자장왈 하위혜이불비 자
曰 因民之所利而利之 斯不亦惠而不費乎? 擇可勞而勞之 又誰
왈 인민지소리이리지 사불역혜이불비호 택가로이로지 우수
怨? 欲仁而得仁 又焉貪? 君子無衆寡 無小大 無敢慢 斯不亦
원 욕인이득인 우언탐 군자무중과 무소대 무감만 사불역
泰而不驕乎? 君子正其衣冠 尊其瞻視 儼然人望而畏之 斯不亦
태이불교호 군자정기의관 존기첨시 엄연인망이외지 사불역
威而不猛乎? 子張曰 何謂四惡? 子曰 不敎而殺謂之虐 不戒視
위이불맹호 자장왈 하위사악 자왈 불교이살위지학 불계시
成謂之暴 慢令致期謂之賊 猶之與人也 出納之吝 謂之有司.
성위지폭 만령치기위지적 유지여인야 출납지린 위지유사

주 1 有司 : 창고의 재물 출납을 맡은 말단 관직. 용렬한 말단 관리의 기질.

3. 공자孔子께서 말씀하셨다.
"천명天命을 알지 못하면 군자가 될 수 없고, 예禮를 알지 못하면 입신立身할 수가 없고, 말을 알지 못하면 사람을 알 수가 없다."

子曰 不知命 無以爲君子也 不知禮 無以立也 不知言 無以
자왈 부지명 무이위군자야   부지례 무이립야   부지언 무이

知人也.
지인야

역주자 **도광순**都珖淳

역서로는 《맹자》, 《시경》, 《퇴계 선생 자성록》, 《근사록》, 《채근담》 등이 있으며, 저서로는 《교육이론》, 《현대교육학》, 《한문교본》 외 다수가 있다.

논論어語

1판 1쇄 발행 1977년 10월 30일
2판 1쇄 발행 2011년 10월 10일
2판 재쇄 발행 2017년 3월 30일

역주자 도광순
펴낸곳 (주)문예출판사 | 펴낸이 전준배
출판등록 1966. 12. 2. 제1-134호
주소 03992 서울시 마포구 월드컵북로 6길 30
전화 393-5681 | 팩스 393-5685
홈페이지 www.moonye.com | 블로그 blog.naver.com/imoonye
페이스북 www.facebook.com/moonyepublishing | 이메일 info@moonye.com

ISBN 978-89-310-0742-8 03190

이 도서의 국립중앙도서관 출판시 도서목록(CIP)은
서지정보유통지원시스템 홈페이지(http://seoji.nl.go.kr)와
국가자료공동목록시스템(http://www.nl.go.kr/kolisnet)에서
이용하실 수 있습니다. (CIP제어번호: CIP2013008629)